카페 창업은 처음이라

대박 카페는 창업을 시작한 순간부터 결정된다!

# 카페 창업은 처음이라

민준기 지음

매일경제신문사

# 글을 다 쓰고도 출판사에 원고를 보내지 않은 이유

나는 6평 작은 공간에 카페를 열었다. 20년 전 부모님이 유일하게 투자한 상가였다. 내가 이곳에 카페를 차리기로 결심했을 때는 몇 해 동안 비어 있던 상태였다. 집기들도 두고 간 상가라 철거할 때 벌레와 노후된 시설로 고생이 참 많았다. 그런 곳을 청소하고, 식당 분위기가 진하게 풍기는 벽지만 공사하고 카페를 차렸다. 처음 3년 정도는 정말 힘들었다. 그 기간 나를 가장 힘들게 한 것은 매출도 작은 공간도 아닌 사람들의 시선이었다. '얼마 못 가서 망하겠는데?', '이렇게 구석진 공간에서 카페를 하겠다고 시작한 거지?' 하는 눈빛으로 나를 바라봤다. 그런 눈빛들을 보며 나는 앞으로 매출을 키워 꼭 성장하겠다고 다짐했다. 그러나 현실은 봐도봐도 너무 협소한 공간, 허접한 인테리어, 턱 없이 낮은 매출의 카페 티가 팍팍 났다. 나는 그들의 시선과 눈빛을 그대로 납득할 수밖에 없었다.

그렇게 10년이 지났고, 지금까지 카페를 운영하고 있다. 감사하게도 그런 열악한 상황에도 우리 카페의 커피 맛을 좋아하는 단골이 생겼다. 손님들은 협소한 공간에 대해 이해를 해주시고, 나름대로 상황에 적응해서 우리 카페를 이용한다. 자리가 없을 때는 테이크아웃으로 사 가고, 단체손님들은 포장을 각오하고 동선을 짜서 방문한다. 신선한 원두만을 팔아왔기에 핸드드립 마니아들의 입소문으로 매년 원두 단골도 늘고 있다. 그렇게 매출도 성장해서 매년 공간과 영향력을 확장할 수 있었다. 카페를 꾸준히 이용해온 단골들은 카페가 성장하는 것을 함께 지켜봤다. 모두 자기 일처럼 같이 기뻐하고 격려해줬다. 그리고 우리 카페의 성장 스토리를 지인들에게 소개하면서 데려오는 일이 잦아졌다. 자신이 단골인 카페가 이렇게 성장하고 있는 것에 대한 자부심을 느끼시는 것 같다.

빠르게 성장하는 카페가 부러웠다. 나만큼 작은 공간에 인력도 부족한데 많은 사람들에게 알려져 2호점, 3호점으로 확장하는 것을 보면 너무나 부러웠고, 나도 언제쯤 저렇게 성공할 수 있을까 생각했던 시절이 있다. 지금도 우리 카페는 2호점, 3호점이 없다. 그러나 예전보다 많이 성장한 것은 분명하다. 성장하고 보니 보이는 것이 있다. 성장의 크기만큼이나 고통의 그림자가 존재한다는 것이다. 누군가 단기간에 성공했다고 해서 운이 좋다고만은 할 수 없다. 빠르게 성공한 만큼 고통의 크기도 그만큼 크다는 것을 의미하기 때문이다.

글을 다 쓰고 9개월 동안 출판사에 연락하지 못했다. 나의 고통을 마주하는 게 싫어서 그랬다. 검토하려면 글을 다시 읽고 수정해야 한다. 원고를 펼칠 때마다 당시의 상황이 머릿속에 맴돌았다. 원고를 읽다가 펑펑 울었던 적도 있다. 읽다가 당시의 감정이 몰려와 슬럼프로 이어질 뻔했다. 그때마다 나를 독려해준 아내와 부모님, 그리고 책 쓰는 것을 알고 있는 단골들과 거래처 사장님의 응원으로 다시 쓸 수 있었다. 그리고 끝까지 포기하지 않고 책을 낼 수 있도록 도와주신 한국책쓰기강사양성협회의 김태광 대표님에게 감사의 말씀을 전하고 싶다.

커피로맨스는 원두 납품 전문회사로 성장했다. 그러는 동안 수많은 사장님들을 만났다. 10년간 많은 사장님을 만났는데, 나보다 저조한 매출과 작은 공간, 허접한 인테리어의 카페를 운영하는 사장님은 단 한 명도 없었다. 그래서 누구도 폐업하지 않으리라고 생각했다. 그러나 수많은 사장님들이 문을 닫았다. 나는 폐업의 이유가 매출에만 있지 않다는 사실을 알게 되었다.

이 책을 통해 나는 카페 매출뿐만 아니라 그 밖에 도움되는 글을 쓰려고 노력했다. 책을 써본 적도 없고, 내 주위에 책을 쓴 사람도 전혀 없다. 하지만 나의 노하우를 전할 수 있는 방법 중 책만큼 효율적인 방법은 없다고 생각했다. 그래서 책을 쓸 수 있는 방법을 찾았다. 감사하게도 김태광 대표님의 책 쓰기 과정을 통해 지금의 책이 완성되었다.

민준기

# 차례

PART **01**

# 카페 창업은 처음이라

# 01

# 여기에 카페가 있는지
# 처음 알았어요

"여기 이런 카페가 있는지 처음 알았어요."

내가 카페를 열고 손님에게 가장 많이 들은 말이다. 한자리에서 10년 가까이 운영 중이다. 이제는 그런 말이 줄어들 법도 한데 자리가 자리인지라 충분히 이해는 된다. 나는 20년이 훌쩍 넘은 5층짜리 아파트 상가의 1층에 카페를 오픈했다. 1층에 있지만 사람들이 지나가면서 보이지 않는 뒤편에 자리하고 있다. 처음 카페를 찾는 사람들은 백발백중 헤매게 되어 있다. 누구도 이곳에 카페가 들어올 거라고 생각조차 하지 못했다. 그러나 그런 곳에 카페를 차려야 했다. 돈이 없었기 때문이다. 아버지가 오래전 투자 목적으로 분양받은 6평의 상가였다. 몇 해 동안 임대도 되지 않고 빈 공간으로 남아 있어 내가 들어가는 게 맞겠다 싶었다.

나는 스물여섯 살에 군대를 제대하고 복학했다. 대학 입학과 동시에 편입을 준비하느라 입대가 늦었다. 복학 후 학교생활 중 교회에서 해외 선교 프로젝트가 생겼고, 여행과 함께 봉사활동을 할 수 있어 참여했다. 인도네시아는 처음이라 너무 궁금했다. K-pop과 K-드라마가 많이 보급되어 한국어 실력도 좋은 현지 대학생들과 문화 교류를 하고, 홈스테이도 하는 시간이 있었다. 준비하고 현지에서 활동하면서 인도네시아의 매력에 점점 빠져들었다. 현지에 계신 담당 목사님과 알게 되면서 현지 활동을 구체적으로 경험하게 되었다. 그중 커피 비즈니스에 대해 처음 듣게 되었다. 비즈니스의 구조는 간단하다. 인도네시아의 커피를 한국으로 수출하는 것이다. 인도네시아 현지에서는 커피 생두를 수출해서 좋고, 한국은 농장에서 바로 수입하게 되어 안정적인 공급과 고유한 커피스토리를 담을 수 있어서 좋았다.

당시 나는 인스턴트 커피만 마시고 살았던 사람이다. 그래서 인도네시아가 커피 산지인 것을 그때 처음 알았다. 그런 내가 한국에 돌아와서도 커피 비즈니스가 머릿속에 계속 맴돌았다. '커피를 수입해 한국에서 팔면 어떨까?', '인도네시아를 시작으로 전 세계의 산지와 연결된 비즈니스를 하면 어떨까?' 이렇게 상상하며 어떻게 그 일을 시작할 수 있을지 고민했다. 상상하면 이루어진다는 말이 있다. 나는 그 말을 실제로 경험했다.

커피는 세계적인 아이템이다. 그래서 영어 실력을 갖추는 건 기본이라고 생각했다. 개인적으로 학창 시절부터 영어를 잘하고 싶은 열망이 있었다. 일단 영어를 배우면서 커피를 알아보자고 생각했다. 영어학원은 스터디그룹을 형성해서 공부하는 곳으로 선택했다. 나 혼자 하게 되면 분명 포기할 것 같아서였다.

어느 날 스터디그룹 멤버 중 친해진 남동생과 이야기를 나누게 되었다. 우리는 왜 영어를 배우게 되었는지, 왜 이 학원에 등록하게 되었는지 이야기를 나눴다. 그는 호주 워킹홀리데이를 하던 중 영어 실력이 부족해 한국에 잠시 들어왔다고 했다. 자신의 실력이 낮아 호주에서 적응하기 어렵다고 했다. 현지에서 배우면 비용과 시간이 아까워 한국에 들어온 것이다. 솔직하게 이야기를 털어놓은 동생 덕분에 나도 솔직하게 인도네시아에서 들은 커피 비즈니스를 한국에서 시작해보기 위해 영어를 배우러 왔다고 모두 이야기했다. 내 이야기를 들은 후 그는 자기 친구 이야기를 했는데, 커피 교육을 공짜로 받았다는 솔깃한 이야기였다. 알고 보니 고용노동부에서 진행하는 '내일배움' 제도였다. 나는 복학한 지 얼마 되지 않았고, 아르바이트도 한번 제대로 해본 적이 없었기에 한국이 이렇게 직업훈련 제도가 잘되어 있는지 처음 알았다. 그 이야기를 듣고 바로 내일배움 카드를 발급받고 커피 수업을 신청해 듣기 시작했다. 그렇게 나는 최소한의 비용으로 커피에 대한 대부분을 배웠다. 6개월의 긴 시간이었다. 2012년쯤이었는데, 그때는 커피 수업과 창업 열기가 어느 때보다 뜨거웠다. 지금도 그때가 그리울 때가 많다.

방배동의 커피문화원에서 모든 기초과정을 수강한 것은 나에게 큰 행운이었다. 학원은 기능만 가르치면 그만이다. 그 이상은 바라면 안 된다고 생각한다. 그러나 당시 커피문화원의 원장님과 선생님들은 실력과 동시에 따뜻한 마음이 있었다. 그런 분들을 학원에서 그렇게 만났다는 게 아직도 놀랍다. 그때 배운 6개월간의 교육 과정들은 지금 나의 카페인 커피로맨스를 운영하는 기초가 되었다. 지금까지도 나는 커피문화원에서 배운 기술을 그대로 사용하고 있다. 학원에서 배운 것을 기초로 나만의 비법을 쌓아나가고 있다. 커피를 배우고 싶다는 열망이 영어학원에서 그 동생을 만나게 한 것 같다. 그 동생이 아니었으면 지금의 나는 없었을 것이다.

커피를 배웠지만 카페를 바로 차리지는 못했다. 대학도 마치지 못했고, 창업할 돈도 없었다. 그저 유명한 카페를 돌아다니는 것으로 만족하고 있었다. 나는 경상도에 있는 대학교에 다니고 있어서, 경상도에서 커피로 유명한 곳을 위주로 탐방하러 다녔다. 그리고 커피의 매력에 더욱 빠져들었다.

당시 나는 교회 청년부 회장으로 선출되었는데, 이것이 커피 실력이 향상된 계기가 되었다. 주말에 회의를 할 때나 예배를 마치고 둘러앉아 이야기할 때 수십 명에게 핸드드립을 해주기 바빴다. 전국에서 직접 구매한 커피를 사람들에게 내려주는 일이 너무나 행복했다. 스페셜티 커피가 대중적이지 않았던 시절이라 비싼 커피를 핸드드립으로 내려주자 다들 처음 느끼는 커피 맛에 눈이 휘둥그레졌다. 그 모습을 보면서 함께 커피를 마시는 순간들이 나에게는 큰 행복이었다. 당시 그런 시간을 보내면서 카페를 꼭 해야겠다고 생각한 것 같다.

그렇게 몇 주를 보내면서 마음에 맞는 교회 여동생과 선배와 이야기를 나누게 되었다. 청년회실의 공간을 카페 분위기로 바꾸면 좋겠다는 의견들이 모였다. 당시 나는 백수였기 때문에 평일에도 교회에 나가 커피를 먹고 싶은 사람이 있으면 무료로 내려주었다. 교회에서도 카페 분위기가 만들어지는 것 같아 사람들이 좋아했고, 그때부터 본격적으로 평일과 주말에 커피를 내리기 시작했다.

두 달 정도 원두 비용 정도만 받고 커피를 내려주었다. 기억하기로는 월 매출이 50만 원 정도였다. 아무것도 없이 핸드드립과 더치커피만 판매하며 한두 달 정도 카페처럼 운영했다. 그러나 공식적인 허가를 받지 않은 장사는 탈이 나기 마련이다. 그리고 장소는 교회였기 때문에 내가 아무리 정성과 시간을 쏟는다고 해도 권리를 보장받지 못하는 곳이었다. 그때 나는 교회 밖으로 나가야겠다고 결심했다. 작은 공간이어도 내 공간에서 시작해야겠다고 생각했다. 그래서 지금의 자리에서 시작하게 되었다.

철저한 계획에 따라 결정된 곳은 아니었다. 떠밀려 나오듯 하루빨리 장소를 정해야 했기 때문에 이곳에 왔다. 당시 카페를 오픈하고 몇 년간은 장소와 위치 탓을 많이 했다. 그러나 이 자리에 있었기에 받은 복이 너무 많았다는 것을 느낀다. 장소가 협소해서 동선을 효율적으로 꾸미는 연습을 했고, 손님 한 분이 귀해서 그분을 만족시키기 위해 최선을 다했다. 장소의 한계를 뛰어넘기 위해 온라인 쇼핑몰을 같이 운영했기에 마케팅 감각을 익힐 수 있었다. 내가 가진 결핍들을 원망하기보다 어떻게 하면 극복할 수 있을까에 집중했다. 혹시 카페가 가진 단점으로 고민하는 사장님들이 있다면 이 책을 보고 위로가 되면 좋겠다. 나 같은 사람도 극복하고 10년 가까이 잘하고 있다고 말해주고 싶다. 이겨낼 수 있다고, 해낼 수 있다고 말이다.

## 02

# 고백하지 못한 첫사랑
# vs 카페 창업

나는 대학에 들어갔을 때 일종의 자유를 느꼈다. 첫 번째, 행동의 자유를 느꼈다. 누구도 나에게 등교에 대한 압박을 하지 않았다. 당연하다. 누구 하나 나에게 등교나 학업으로 잔소리할 이유도 명분도 없다. 나는 성인이 되었기 때문이다. 온전히 나의 책임인 것이다.

두 번째, 생각의 자유를 느꼈다. 학창시절에는 내가 생각해야 하는 주제들이 정해져 있다. 진로, 친구 관계, 학원이나 과외의 필요성, 학과나 학교 선택 등 한정적인 주제들이 주어진다. 그러나 대학에 들어선 순간부터는 다르다. 내가 생각해야 할 주제를 나 스스로 정해야 하는 것이다. 학업은 선배들을 보면서 간접적으로 배워 적응하기 어렵지 않다. 그러나 보이지 않는 영역은 자칫 잘못하면 성인 사춘기로 빠지기 쉬우니 조심해야 한다. 이 영역에 대해서는 할 말이 더 있지만 일단 세 번째로 넘어가자.

마지막 세 번째, 권한의 자유를 느꼈다. 대학생 신분은 그래도 학생이라 다소 제한적인 부분이 있지만, 성인으로서 한 사람의 인격체로 대우를 받는다. 그리고 자연스럽게 그 사람에게 책임이 주어진다. 자기 스스로 결정할 권한과 책임이 주어진다는 이야기다.

이 세 가지의 자유를 기반으로 나는 새롭게 태어났다. 스스로 행동하고 생각하고 책임지며, 하나하나 새롭게 나를 알아가기 시작한 것이다. 나는 선진국과 한국의 차이가 여기서부터 발생한다고 느꼈다. 선진국은 청소년기에 이미 이 과정을 거치고 성인이 된다. 그렇다고 선진국에서 태어나지 않았다고 한탄하고 싶지 않다. 그래도 스무 살에 그 과정을 시작한 게 스스로 너무나 대견하고 다행스럽기 때문이다. 새롭게 태어난 것에 감사하다. 그때부터 나는 스스로 생각하면서 살았다. 그리고 이런 질문들을 던지고 답을 찾기 시작했다.

"나는 무엇을 잘하지?"
"나는 무엇을 위해 살아야 하지?"
"나는 왜 살아야 하지?"
"이 세상에 무엇을 남기며 살아야 하지?"

정답이 정해진 질문이 아니기에 나이가 들면서 답에 대한 내용이 변해갔다. 그러나 답이 바뀔 때마다 더 기뻤다. 왜냐하면 답이 바뀔 때 나를 더 잘 알게 되는 결과를 가져왔기 때문이다. 그중에서 나라는 사람이 가장 중요하게 생각하는 요소를 알게 되었다. 그것은 바로 '후회'라는 단어로, 과거에서 벗어나지 못하고 후회하며 사는 삶이 저주받은 인생이 아닐까 생각한다. 대부분 후회는 과거의 실수나 시도하지 못한 것 등에서 나오기 마련이다. 개인적으로 나는 그중에 사람들이 가장 크게 후회하는 것이 '첫사랑에 대한 후회'라고 생각한다.

그래서 난 첫사랑에 대한 후회가 없다. 고백을 했고, 거절 당했다. 마음이 쓰렸지만 싫다는데 어쩌겠나 싶었다. 그 이후 호감을 가진 이성이 생기면 고백을 했고, 그래서 사랑에 대해서는 후회가 자리잡고 있지 않다.

나는 또한 진로에 대한 후회를 남기고 싶지 않았다. 신소재공학과를 다니면서 다른 학교 편입을 준비했는데, 이공계가 싫었고, 엔지니어의 삶이 나와 맞지 않다고 생각했다. 그래서 다른 학교의 학과로 편입을 결심했다. 군대까지 미뤄가며 준비했지만 모두 떨어졌다. 다시 신소재공학과로 돌아가기 싫었다. 그래서 자퇴하고 음악대학에 편입하기로 결정했다. 특별전형으로 편입할 수 있어서 입학은 수월했다.

음악을 전공하고 싶었던 이유는 나에게 큰 위로가 되었기 때문이다. 당시 나는 기타를 배우면서 음악에 빠졌다. 그리고 힘들었던 나를 매번 일으켜 세우는 역할을 음악이 해주었다. 그래서 누군가에게 그런 음악을 만들어 선보이고 싶었던 것 같다. 그러나 1년을 채우고 나서 실력의 차이를 인정하고 깨끗하게 접었다. 두 번의 자퇴를 하게 된 것이다.

두 번의 자퇴를 경험하며 나에게 맞는 직업을 찾아보고, 배워보자는 생각이 들었다. 그리고 평생에 걸쳐 직업으로 가꿔나갈 나만의 일을 찾자고 생각했다. 가능한 일에서 빨리 은퇴하고 싶은 사람들은 '평생 일을 하겠다고? 그렇게 살고 싶나?'라고 생각할지도 모른다. 지금의 삶을 즐기지 못하고 지긋지긋하게 생각하는 사람들일 것이다. 많이 안타깝다는 생각이 든다. 그런 부류의 사람들은 주체적으로 일을 찾아 하는 사람들이 아닐 것이다. 평생 남이 시키는 일에만 익숙해져 있는 사람들일 것이기 때문이다.

어쨌든 나는 평생 할 수 있는 일을 열심히 찾았다. 그렇게 해서 만난 게 지금의 커피다. 평생 커리어를 쌓아갈 수 있는 업으로 나는 커피를 만났다.

카페 창업과 관련된 책을 써야 하는 이유에 대해 생각해봤다. 첫 번째는 나를 세상에 알리고 싶은 마음에서였다. 그리고 다양한 사람들을 만나기 위해서기도 하다. 비즈니스를 하면서 느낀 것이 있다. 나와 결이 맞는 사람과 일을 해야 더 잘된다는 것이다. 아무리 능력이 좋고 훌륭한 사람이어도 나와 결이 맞지 않으면 시너지가 나지 않았었다. 그래서 나는 이 책을 통해서 나를 알리고, 나와 결이 비슷한 사람을 만나고 싶다.

두 번째로 나는 후회 없는 삶을 원한다고 앞서 말했다. 카페 창업을 꼭 한번쯤 해보고 싶은 사람들이 있을 거라고 생각한다. 일생에 한 번 카페를 차리고 싶다는 소망을 가진 사람들 말이다. 하지 않으면 평생 후회로 남아 한으로 남을 것 같은 사람들 말이다. 그런 사람들에게 도움이 되었으면 하는 바람에서 책을 쓴다. 카페 창업은 장사다. 영업이고 어엿한 비즈니스다. 이런 살벌한 영역을 제대로 모르고, 커피향과 분위기에 취해 창업하려는 사람들이 있다면 그들에게 현실을 보여주고, 피해를 막고자 한다. 그럼에도 카페 창업을 하려는 사람들에게는 백신과 같은 역할이 되고자 글을 쓴다.

카페를 창업하고 10년 가까이 운영했다. 하면 할수록 카페는 종합예술의 영역임을 느낀다. 챙겨야 할 요소들이 한두 가지가 아니다. 단순히 몇 주 과정으로 배울 수 있는 커리큘럼의 영역을 넘어선다. 그럼에도 불구하고 수많은 사장들이 버티고 운영하는 이유는 무엇일까? 최소 3년에서 5년 이상 운영하는 사장들은 하나같이 늘 배우는 사람들이다. 현재에 안주하지 않고 성장하기 위해 늘 목말라하는 겸손한 사장들이다. 정말 하나같이 다 그렇다.

카페 창업은 앞으로 계속되어야 한다. 내가 바라지 않아도 계속될 것이다. 더 매력적인 바리스타들과 로스터 및 사장들이 배출될 것이라고 확신한다. 내가 커피를 배우고 카페업계에 발을 내딛었던 2013년보다 지금 고객과 카페의 수준은 놀라울 정도로 올라갔다. 호주나 미국, 유럽에 비하면 아직 멀었다고 하지만, 그래서 더 기대가 되는 게 한국 카페 창업 시장이다.

최근 문득, 이런 생각이 들었다. '앞으로의 4차 산업시대에 카페 창업을 외치는 것이 옳은 것인가?' 내가 커피를 잘 내린들 국가경쟁력에 무슨 보탬이 되는가 생각하고 보니 무력감이 찾아올 정도였다. 그러나 감사하게도 고객들을 통해 무력감과 불안이 해소되었고, 다시 에너지를 회복했다. 내가 운영하는 카페 고객의 비율은 대부분 삼성의 직원들이 많다. 고객들은 아침부터 점심시간은 물론 오후 늦은 휴식 시간에도 카페를 찾는다. 최소 5분에서 10분은 걸어야 하고, 신호도 두 번 정도 기다려야 한다. 신호를 기다리지 않는 고객들도 산책로로 내려가 개울가 돌다리를 마지막으로 계단을 올라와야 카페에 들어올 수 있다. 그분들이 카페가 없어서 우리 매장에 올까? 절대 아니다. 사내 카페는 한두 곳이 아니고, 가격도 우리 매장에 비해 절반 수준이다. 조경 또한 어느 공원 부럽지 않게 잘되어 있다. 그럼에도 불구하고 찾아오는 이유는 정말 신선한 원두, 맛있는 커피 한 잔을 통해서 직장이 아닌 곳에서 힐링의 시간을 보내고 싶은 마음이기 때문일 것이다.

앞으로 나아가기 위해 쉼이 필요한 직장인들과 사람들은 늘어날 것이다. 그런 고객들에게 카페라는 공간에서 휴식과 회복의 에너지까지 제공하고 싶다. 그렇게만 된다면 나도 국가경쟁력에 이바지하는 사람이 되는 것이다.

# 03

# 첫사랑이 카페 창업과
# 비슷한 이유

앞서 고백하지 못한 첫사랑에 대해 이야기했다. 이루지 못한 첫사랑을 떠올리면 평생 '이뤄졌으면 어땠을까?' 하는 아쉬움과 기대감, 그리고 후회를 가슴 한편에 간직하며 살아간다. 물론 그렇지 않은 사람도 있을 것이고, 그런 사람들은 너무나 다행이며 복 받은 사람들이다. 첫사랑을 그리워하는 사람들이 있듯 카페 창업에서도 그런 사람들이 존재함을 알게 되었다. 평생 언제 한번 카페를 차려볼 수 있을지 막연한 기대감과 아쉬움을 간직하며 사는 사람들이 있다. 혹여나 창업을 하지 못해 후회로 남지 않을까 두려움을 간직한 사람들도 있다. 나는 그런 사람들은 반드시 창업에 도전해봐야 한다고 생각한다.

물론 나는 카페를 창업하겠다고 또는 하고 싶다고 하는 사람을 만나면 긍정적으로 답하지 않는다. 오히려 부정적인 면을 보여주려고 노력하는 편이다. 이유는 간단하다. 그들은 카페 창업을 해보지 않은 사람들이기 때문이다. 카페란 자영업은 참으로 포장이 잘되어 있다. 음식점을 창업하겠다고 하면 쉽지 않다고 생각한다. 음식 만드는 것부터 재료 손질, 그리고 수많은 쓰레기들과 냄새까지 견뎌야 하는 요리사의 수고로움을 안다. 그러나 카페는 문을 들어서자마자 향기롭다. 커피 추출은 커피머신이 하는 것이고, 화려한 라떼아트는 기계에 넣었다 빼면 자연스럽게 되는 것 같아 보인다. 언뜻 보면 누구나 다 할 수 있는 것처럼 보인다. 투자할 돈만 확보되면 나도 잘되는 카페 하나는 충분히 차릴 수 있을 것이라고 생각하기 쉽다. 그러나 카페도 창업이고, 자영업이다. 그리고 철저한 장사다. 그래서 카페 창업을 하겠다 하는 사람들을 만나면 마냥 웃으며 상담하기가 쉽지 않은 게 현실이다. 그럼에도 불구하고 나는 카페를 차려야 하는 사람이 존재한다고 생각한다. 고백하지 못한 첫사랑 마냥 카페 창업을 늘 마음에 품고 있는 사람이 있다는 것을 알게 된 후로 말이다.

카페 창업은 어떤 사람들이 해야 할까? 세 가지 부류로 나눠봤다. 첫번째, 커피를 좋아하고, 커피를 내려주고, 대접하는 행위를 너무나 행복하게 생각하는 사람들, 이들은 커피를 즐기는 애호가의 단계를 넘어서는 사람들이다. 좀더 맛있는 커피를 먹어보고자 시작한다. 그러나 규모가 점점 늘어나 주방 집기들의 자리를 커피 기구들이 차지하기 시작한다. 그리고 집에서 뿐만 아니라 외부에 모임이 있을 때도 짊어지고 싸가서 커피를 내려주기도 한다. 이런 사람들은 나누기를 좋아하고 남들에게 자신이 좋아하는 것을 공유할 줄 아는 사람들이다. 이런 성격의 사장님들은 규모가 작아도 알차게 카페를 운영할 수 있는 노하우가 생길 거라고 생각한다. 그래서 나는 이 점을 제일 먼저 꼽았다.

두 번째, 직업이라고 생각하고 전문적으로 준비해서 사업가적인 마인드를 갖추고 시작하는 사람들이다. 이런 분들은 각오가 남다르고, 보다 철저한 준비를 거치기 때문에 실패할 확률이 보다 적다. 그리고 각오를 하고 카페 창업을 하기 때문에 그냥 한번 해볼까 하는 사람들과 차원이 다른 에너지를 내뿜을 것이 분명하다. 장사에 있어서 살아남을 수 있는 가장 중요한 요소가 무엇이라고 생각하는가? 최소한 내가 먹고살 만큼의 값을 벌면 되는 것 아닌가? 직업적으로 생각하고 파고든 사람들이라면 충분히 그만한 값어치는 해낼 것이라고 생각한다.

마지막으로 세 번째는 고객의 입장에서 생각하려는 마음이 있는 배려심이 많은 사람들이다. 나는 카페를 운영하며 중간에 영업을 2년 넘게 해보면서 이 마지막 요소가 중요하다는 것을 배웠다. 남의 입장에서 생각해보는 마음은 요즘 가장 많이 쓰이는 단어로 표현하자면 바로 '마케팅'이다. 마케팅은 내가 하고 싶은 말을 하는 게 아니다. 고객이 듣고 싶은 말을 하는 것이다. 그래서 공감을 이끌어내면서 이 제품을 사야 하는 명분을 만들어내는 것이다. 나는 남을 배려하고 생각하는 능력이 부족했다. 그래서 의도적으로 훈련을 해야 겨우 따라가는 수준이다. 그러나 이런 능력이 탑재되어 있는 사람들이 있다. 그런 사람들은 자신의 서비스가 다소 부족해도 극복할 수 있는 여지가 있다. 다른 부분이 충족되기 때문이다.

이 세 가지 요소를 고루 갖추면 금상첨화겠지만, 너무 욕심낼 필요는 없다. 자신이 갖추고 있는 요소를 확실하게 확보하고, 보완하면 된다. 앞서 세 가지 요소 중 하나만이라도 갖고 있으면서 카페가 좋은 사람이라면 카페 창업을 하라고 말하고 싶다. 단, 자신이 감당할 수 있는 규모 내에서 말이다.

그럼 반대로 카페 창업을 하지 말아야 하는 사람의 유형도 존재하지 않을까? 그렇다. 마찬가지로 세 부류로 나눠서 말해보겠다. 첫 번째, 단순히 돈 벌기 쉬워 보여서 카페 하나 차려보고 싶은 사람들이다. 그에 더해 그냥 노는 것보다는 낫겠지 생각하며 부모나 친척의 도움을 받아 시작하려는 사람들도 있다. 그러나 세상이 그렇게 호락호락하지 않다는 것을 명심하자. 그냥 한번 해볼까 하고 달려들어 성공할 수 있는 카페 창업이었다면 폐업하는 카페들은 별로 없었을 것이다. 세상을 살면서 뼈아프게 느끼는 게 있다. 세상만사 그냥 되는 것이 없다는 것이다. 무엇인가 편하게 누리고 있는 게 있다면 누군가 피땀 흘려 시스템을 구축해놓은 것이다. 나는 음식점에서 밥을 먹다가 반찬이나 밥에서 머리카락이 나오면 대부분 휴지에 싸서 옆에 두고 그냥 먹는다. 20년 넘게 음식점을 해온 어머니가 생각나서 그렇다. 어머니도 가끔 음식에 들어간 머리카락으로 컴플레인을 받는 모습을 봐왔다. 얼마나 청결에 힘쓰며 음식을 만들고 파는지 내가 알지만, 그렇게 해도 가끔 머리카락은 들어간다. 너무나 잘 알기에 그냥 먹는 것이다. 실수임을 너무나 잘 알기에 말이다.

그렇게 자영업자들이 하루하루를 메꿔간다. 아이들을 키우기 위해,

자신이 살아가기 위해 매일 노력하고 또 노력한다. 그런 신성한 장사를 노는 것보다는 낫겠지 하는 생각으로 시작한다는 것에 화가 난다. 이런 사람들은 절대 한 발자국도 들어와서는 안 된다고 생각한다.

두 번째, 커피를 그저 좋아하기만 하는 사람들이다. 커피를 좋아하는 것이지 카페를 운영하는 것을 좋아하지 않을 것이다. 분명하게 자신을 돌아보자. 남이 내려주는 커피를 마시는 게 좋은지 남에게 커피를 내려주는 게 좋은지 말이다. 아무리 질문해도 모르겠다면 파트 타임으로 경험해보면서 알아보길 바란다. 써주는 사람이 없다면 무료로 일해서라도 자신을 파악해보자.

마지막 세 번째는 커피 연구만 하고 싶은 사람들이다. 커피는 연구할 게 정말 많은 분야 중 하나다. 과학적으로 접근해도 끝도 없는 영역이 펼쳐진다. 테크닉 면으로 접근해도 무궁무진하게 많다. 얼마나 재미있는지 모른다. 그러나 카페 창업은 연구를 열심히 하면 할수록 잘되는 영역이 아니다. 카페 창업은 장사고 사업이다. 연구는 그냥 연구일 뿐이다. 연구와 장사는 별개일 경우가 많다. 카페 창업을 하겠다고 결심하고, 열심히 책만 펼쳐놓고 연구만 하려고 작정하는 사람들이 있는데, 하면 할수록 카페 창업과는 다른 방향으로 가고 있을 가능성이 높다.

솔직히 말하면 카페 창업을 해야 하는 사람이 정해져 있지는 않다. 누군가에게 커피를 대접했다가 정말 맛있게 먹는 모습을 보고 '카페나 해볼까?' 하고 시작하는 사람도 존재할 것이다. 그래서 아주 성공적으로 운영하는 사람들도 있을 것이다. 계속해서 이야기하겠지만, 그냥 좋아 보여서 카페를 시작하는 사람이 한 사람이라도 적어지길 바라는 마음에서 나는 이런저런 이야기를 하는 것이다. 넉넉한 자본으로 카페를 시작하는 사람은 극소수라고 생각한다. 대부분 대출을 얻어서 시작한다. 또는 부모님의 마지막 남은 종잣돈인 퇴직금을 융통받았거나 지인의 돈을 빌린 사람도 있을 것이다. 그렇게 시작한 장사일수록 압박감이 말도 못하게 심해져 올바른 판단을 잘하지 못한다. 그런 경우에는 카페 창업의 실패에서 끝나지 않고 사람과 시간을 잃을 수 있다. 그리고 치유할 수 없는 상처도 남을 수 있다.

창업은 장난이 아니다. 신중하게, 책임감 있게 시작해야 한다. 첫사랑에게 고백하고 이루어졌다면 어떻게 하겠는가? 서로의 사랑을 위해 노력하고 사랑이 결혼까지 이어지도록 노력하지 않겠는가? 카페도 똑같다. 해보다가 안되면 접어야겠다고 쉽게 생각하지 말고 신중하게 카페 창업을 준비한 다음에 시도하길 바란다.

# 04

# 카페는 처음이지만,
# 입맛은 백종원

카페를 포함해 장사를 처음 시작하는 사람에게는 두려움이 많다. 나도 그랬다. 예외는 없을 것 같다. 누구나 처음에는 모든 게 두려움으로 다가온다. 그래서 에너지가 필요 이상으로 소모되고, 쉽게 피곤이 몰려온다. 그래서 객관적인 입장에서 다양한 생각을 하기 쉽지 않다.

초기 카페를 운영할 때 큰 실수를 저질렀다. 당시 오로지 나의 커피 실력이 우수해야만 사업이 잘된다고 믿었다. 물론 틀린 생각은 아니다. 그런 마인드가 있었기 때문에 맛을 알아보는 고객들이 단골로 이어질 수 있었다. 그러나 다른 한편으론 자금 운용과 마케팅에 대해서도 배워 적용했으면 어땠을까 하는 아쉬움이 남는다. 커피 맛에만 집중하다 보니 고객이 좋아하는 맛과 내가 맛있게 느끼는 맛에 집중하고, 정작 왜 고객이 구매를 하는지 심리적, 감정적인 요소는 신경 쓰지 못했다. 내가 세운 기준만 신경 쓰고 나의 입장에서 카페를 운영해나갔다.

설비나 인테리어도 고객이 좋아할 영역에 투자하기보다 내가 중요시
여기는 부분과 커피 맛을 더 좋게 내기 위한 투자를 먼저 했다. 그것은
오직 나의 취향과 일치하는 소수의 고객들만 좋아하는 결과로 이어졌
다. 이 모든 노력은 단 하나의 목표에 있다. 매출의 증가다. 그런데 매출
증가와는 상관없는 노력만 했던 것이다. 돌이켜보면 누가 봐도 어이없
고 당연한 결과라고 생각할 것이다. 그러나 당시에는 전혀 인식하지 못
했다. 나는 이런 실수들이 나온 이유를 생각해봤다. 결국 어떠한 경험
도 없이 처음 카페를 창업했기 때문에 발생한 일이라고 결론 내렸다.

처음 카페를 시작하고 모든 것을 나의 기준에서 생각한 오류를 살펴
봤다. 앞서 말한 것 외에도 카페 창업을 할 때 빠지기 쉬운 오류가 있다.
바로 공부에 집착하는 것이다. 커피는 생각보다 공부할 게 넘쳐난다. 커
피는 볶는 것, 맛보는 것, 추출하는 것 크게 세 가지로 나뉜다. 직업군으
로 분류해보면 볶는 일을 하는 커피 로스터(Roaster), 맛을 보고 판단하
는 커퍼(Cupper), 커피를 추출하는 바리스타(Barista)로 나뉜다. 각각 전문
직업군으로 나뉠 정도로 세분화되어 있고, 깊이도 상당하다. 동네 카페
처럼 작은 커피 볶는 기계도 있지만, 공장형으로 몇 백 킬로그램 단위로
커피를 볶는 기계도 존재한다. 그에 따른 설비 장치도 규모와 비용 면에
서 상당하다. 그래서 파고들어 공부하고 나서 카페를 차리겠다고 마음
먹으면 평생 공부하다가 끝날 것이다. 카페 창업에 있어서는 어느 정도
적정선을 긋고 시작해야 한다. 하지 말라는 뜻이 아님을 명심하자.

그러면 카페 창업에 있어서 무엇이 제일 중요할까? 대비해야 할 많은 요소들이 있지만 반드시 갖춰야 할 요소는 자신감인 것 같다. 나는 처음부터 부족함에서 시작했기에 더욱더 자신만만해 보이려고 노력했다. 폐업한 6평의 동네 칼국수 식당 자리의 모든 것을 철거했다. 돈도 없고, 시간도 없어, 청소만 깨끗하게 한 다음 카페를 시작했다. 누가 봐도 식당인 자리에 카페라고 하기에는 너무 허접한 인테리어였다. 당시에는 그런 시선이 너무 싫었다. 카페가 있을 자리가 아닌데 카페가 있으니 신기하게 보는 것도 싫었다. 그래서 더 자신감 있게 행동했다. 그리고 하얀 셔츠에 넥타이를 메고 출근했다.

허접하고 어설픈 인테리어가 카페가 망할 조건은 되지 않는다고 생각했다. 부족한 가운데 시작할 수 있다고 생각했다. 6평 가게였으니 밥도 매장 안에서 먹을 수 없었다. 밖에 놓아둔 손님 테이블에 앉아서 먹거나 추운 겨울에는 건물 안 복도에 테이블을 놓고 먹었다. 손님이 복도 쪽으로 들어오면 같이 인사하면서 들어갔다. 처음에는 멋쩍었지만, 빨리 먹고 들어가자는 마음과 이런 것도 추억이 되겠다 싶어 아무렇지 않게 여겼다. 실제로 지금은 모든 것이 추억이 되었고, 그때의 나에게 너무나 감사하다. 그런 환경에도 포기하지 않고 버텨낸 것이 너무나 감사하다.

6평 공간에서 1년, 2년의 시간이 지났다. 한 칸에서 시작해서 옆 칸으로 또 그 옆 칸까지 확장해나갔다. 거의 매년 공사했던 것 같다. 다른 사장님들이 보면 미쳤다고 했을 것이다. 누구도 공사를 매년 하려고 하지 않는다. 공사는 공사거리를 모아서 준비 기간을 넉넉히 가지고, 짧고 굵게 하는 게 정석이다. 돈을 아끼는 기술인 것이다. 그러나 아쉽게도 당시에 나는 자주 공사를 하는 게 더 이롭다고 생각했다.

물론 시간과 비용이 더 들어간 것은 맞다. 그리고 비용을 아끼기 위해서 모든 인부를 직접 불러 인테리어 작업을 진행했다. 그로 인한 체력소모도 만만치 않았다. 지금은 절대 그렇게 하지 않는다. 그러나 당시의 경험으로 인테리어 업자를 고르는 실력이 늘었다. 그리고 인부들의 실력을 가늠할 수 있는 눈도 갖게 되었다. 당시의 경험이 무조건 잘못된 선택은 아닌 것 같다. 하지만 공사가 끝난 직후에는 공사 때 쌓인 스트레스와 재정적인 부담이 컸다. 이런 상황을 만든 스스로에 대한 원망과 자책을 자주 했다. 돈을 쓰는 것에 비해 오르지 않는 매출을 보며 스스로의 무능함과 미래를 준비하지 않고 즉흥적으로 일을 만드는 스타일이 싫었다. 그런데도 버틸 수 있었다. 모든 것이 처음 하는 경험이었기 때문이다. 다시 하라고 하면 절대 안 할 것이다. 처음이라 그렇다. 지금 생각하면 그런 자책 속에서 교훈 삼아 스스로를 발전시켰던 것 같다. 부족함을 인정하게 되었고, 더 잘하는 사람들에게 물어보고, 배우기를 주저하지 않았던 것 같다.

요즘 나는 유튜브를 통해 사업가들의 이야기를 듣고 배운다. 특히 백종원 대표의 유튜브를 자주 본다. 그중에서 매장을 운영하는 사장님들을 모아두고 강연한 것을 좋아한다. 그중에서 백 대표가 한 말이 머리에 계속 남았다. 백 대표는 브랜드를 만들 때 자신의 입맛에 맞춘다고 했다. 그리고 자신이 그 맛에 상응하는 가격대를 정해서 출시한다고 했다. 자신이 좋아하는 입맛과 가격대는 대중적인 맛과 가격에 딱 들어맞기 때문이라고 했다. 대중적인 맛과 가격을 정한다는 생각도 놀라웠지만, 그 맛과 가격에 자신이 맞춰져 있다는 것에 또 한 번 놀랐다. 내가 처한 모든 상황의 원인이 바로 이 두 가지를 알지 못하고, 알려고도 하지 않은 데 있었다.

나는 대중들의 가격을 몰라서 계속 공사를 진행했다. 고객들이 낼 만한 가격대에 맞춰 인테리어를 하기만 하면 되는데, 개인적인 욕심에 더 필요하다고 생각해 계속 투자한 것이다. 그리고 내가 속한 상권의 고객들의 입맛에 가장 적합한 맛을 고르면 되는데, 비싸고 트렌디한 맛을 선호하고 선보이려고 했다.

내가 받을 수 있는 금액과 맞지 않게 여러 번 인테리어를 했다. 손님들은 구수하고 묵직한 프리미엄 이하 원두를 원했는데, 시큼하고 가볍고 비싼 원두를 사용했다. 모두 엇박자가 발생한 것이다. 엉뚱한 데 돈과 시간, 그리고 열정이 소모되고 있었던 것이다.

이 책을 보고 있는 사람들은 카페 창업에 관심이 있거나 창업을 한 사람들일 것이다. 지금 자신을 잘 돌아보자. 내가 받을 수 있는 가격대는 얼마인가? 내가 오픈할 카페가 있는 자리의 고객들은 과연 어떤 입맛을 갖고 있을까? 스스로에게 질문하고 답을 찾아보자. 객관적인 시야를 가지려고 노력해야 한다.

카페는 처음이지만, 입맛은 백종원이 되어야 한다. 가볍게 시작한 이야기인데, 내용이 점점 무거워지고 복잡해지는 것 같으니 이것만 기억하자! 이 말 역시 백 대표의 말이다.

"매장 손님의 50~60% 아는 손님들이 오는 가게는 망할 수 없습니다."

정말 진리의 말이다. 즉, 단골을 확보하라는 말이다. 당신의 카페가 있는 곳의 손님들 입맛을 모르고, 적정한 가격대를 모르는가? 그러면 솔직하게 손님들에게 물어보라. 맛은 어떤지, 가격대는 어떤지 말이다. 그리고 데이터를 내보자. 손님들은 의외로 친절하게 대답해줄 것이다. 그런 소통 속에서 단골이 만들어진다. 내가 그렇게 성장했기 때문에 당당하게 말할 수 있다.

# 05
# 작지만 강한 카페는
# 단골로 완성된다

내가 존경하는 목사님이 여러 분 계신다. 그중에서 김동호 목사님의 설교를 좋아한다. 그분의 설교는 쉽다. 어려운 단어를 쓰지 않으시고, 누구나 알아들을 수 있는 단어들로 설교하신다. 그러나 듣기에는 쉽지만 들은 대로 삶을 살기는 쉽지 않다. 그분의 말씀 중에서 인상 깊은 한마디가 있다.

"한 달에 30만 원씩 통장에 들어오면 어느 누구도 삶을 포기하지 못한다."

어린 시절 가난했지만 학교 경비였던 아버지의 적은 월급으로 살아갔던 지난날을 이야기하시면서 하신 말씀이다. 이 말은 카페에도 그대로 적용된다고 나는 생각하고, 믿고 있다. 카페에 적게는 30명, 많게는 50~100명 정도의 단골이 형성되어 있으면 망할 수 없다. 절대 망할 수 없다. 오히려 권리금을 받고 양도할 수 있는 힘이 된다. 그만큼 단골을 만드는 능력은 장사에 있어서 절대적이다.

그렇다면 카페에 단골을 어떻게 만들어갈 수 있을까? 첫 번째, 실력이 있어야 한다. 나는 유튜브에 음식점을 소개하는 영상을 자주 본다. 그들은 어떻게 하루 일과를 보내는지 궁금하기도 하고, 카페 운영에 벤치마킹할 수 있는 부분이 있을까 하고 찾아보곤 한다. 영상을 볼 때마다 음식점은 아무나 하는 게 아님을 절실히 느낀다. 국밥을 좋아하기에 국밥집은 놓치지 않고 본다. 국밥집은 아침부터 몇 십 킬로그램 되는 고기와 잡뼈를 손질한다. 그리고 사람도 들어갈 만한 솥에 육수를 낸다. 그게 끝이 아니다. 몇 시간을 끓이고 나면 고기를 꺼내 손질하고, 손님에게 나갈 만한 농도와 잡내를 없애는 자신만의 특별 레시피로 마무리를 한다. 이렇게 마무리되는 가게들도 있고, 더 고급진 국밥 브랜드들은 밑반찬을 화려하게 만든다. 고기를 찍어 먹는 특제 소스를 만들고, 플레이팅까지 신경 쓴다. 예부터 시장에서 주모가 밥과 국을 퍼서 말아주던 서민의 음식을 귀빈 대접용으로도 손색 없게 만들어낸다. 이런 곳이 국밥집만 있겠는가? 각종 수제 햄버거 가게들도 만만치 않은 공정을 소화한다. 프랜차이즈 햄버거 가게에서는 1~2분이면 내 손에 쥐어지는 패스트푸드가 수제 햄버거 가게에서는 2~3배 가격을 줘야 먹을 수 있는 고급 요리다.

수제 햄버거는 빵을 만드는 작업부터 직접 고기를 갈아서 패티 모양을 성형하기까지 모든 재료를 수작업으로 하는 곳이 많다. 그래야 차별화되고 수제 햄버거를 먹는 이유가 분명해지기 때문이다. 보기에는 쉽고, 몇 만 원에 사 먹을 수 있어서 행복하지만 과정은 녹록치 않다. 영상은 적게는 30분, 길게는 1시간이 넘는데, 편집을 한 영상이니 원래 드는 시간은 기본 4~5시간일 것이다. 그 과정을 1년 365일 한다면 어떻게 될까? 일반인들은 아마 하루 하고 도망갈 것이다. 사장님들은 어떻게 그 과정을 몇 년 또는 평생 할 수 있을까?

나는 이 모든 능력을 실력이란 단어로 표현하고 싶다. 어떤 예비 사장들은 그 집의 레시피 노하우만을 가져오면 자신도 성공할 수 있다고 착각하는 사람들이 있다. 실력은 레시피 배합표를 받아들었다고 얻어지는 게 결코 아니다. 착각하지 말라. 당신에게 레시피를 줘도 매일 그 맛을 유지하는 실력이 없으면 맛이 변한다. 진짜 실력이란 무엇일까? 아무리 재료비가 비싸져도 절대 타협하지 않고 원래 레시피가 국내산이면 국내산을 고집해야 한다. 세 시간 고기를 삶아 육수를 내고, 서비스로 고기를 몇 점 잘라 맛보기로 내놓는 가게였다면 모든 손님에게 그렇게 해야 한다. 처음 오신 손님이나 10년 단골이나 동일하게 서비스해야 하는데, 할 수 있겠는가? 여기까지가 모두 실력이다.

맛집들은 어떻게 그 맛을 유지하고 단골을 꾸준하게 만들어갈 수 있을까? 실력을 어떻게 유지할 수 있을까? 모든 사장님들을 만나본 것은 아니지만, 그분들은 재료가 달라지거나 공정을 단순화하려고 노력하지만 요행을 바라지 않는다. 좀 더 저렴한 재료를 쓰거나 일부 완성된 재료를 받아 쓰면 공정시간과 인건비가 준다. 결과적으로 이익이 상승하지만 맛이 유지되지 않으면 절대 타협하지 않고 이전 방법을 고수한다. 자신이 먼저 그 맛의 변화를 느끼고 그렇게 변화되는 것을 지독히도 싫어한다. 이것이 바로 장인의 고집이라고 볼 수 있다. 맛집으로 소문난 곳에는 이런 고집이 깊게 뿌리내려 있다. 그래서 그 변하지 않는 맛을 찾아 단골이 전국적으로 형성되고, 발길이 끊이지 않는 것이라고 생각한다.

두 번째는 성장할 마음이 있는가에 달렸다. 감사하게도 카페를 운영하며 2년간 많은 분야의 사람들을 만날 수 있는 기회가 주어졌다. 자영업뿐만 아니라 보험영업이나 학원 업계 등등 다양한 직업군의 사람들과 소통할 수 있었다. 그런 만남을 통해서 자연스럽게 어떤 분야든 잘 나가는 사람과 그저 그런 사람을 경험하게 되었는데, 무엇이 그 둘의 차이를 만들어내는 것일까 고민을 많이 했다. 결과적으로 큰 차이 중 하나는 늘 성장하려고 발버둥 치는 사람이 성공한다는 것이다. 그저 그런 성과와 수익을 얻는 보통의 사람들은 성장에 초점을 두지 않는다. 어제 살던 모습 그대로 오늘을 맞이할 뿐이다. 그리고 내일도 오늘의 복사본으로 흘러간다. 그러나 성과가 높은 사람들은 어제와 오늘, 그리고 내일이 다르다. 늘 성장하기에 계속 변해간다.

그리고 생각에서도 차이가 난다. 성장형의 사람은 긍정적인 사람이 많다. 자신의 성과가 지금보다 더 나아질 것이라고 믿는다. 그래서 무엇이든 자신의 성장을 위한 노력을 찾아서 적용하는 반면, 보통의 사람은 자기 자신이 더 나아질 수 있는 존재가 아니라고 단정 짓는다. 카페 운영에서도 자신의 매장 매출은 한계가 있다고 정의 내리고 살아간다. 이유를 찾으려고 하지 않는다. 스스로가 자신의 미래는 암담하다고 정의했기 때문이다. 그리고 상황이 더 나빠지면 모든 이유를 외부에서 찾아낸다. "경기가 나쁘다", "옆에 새로운 가게가 생겨서 매출이 나빠졌다", "나는 나이가 들어서 그렇다", "우리는 이쁜 가게가 아니기 때문에 인스타그램이나 블로그를 해도 소용 없다" 등 이유도 가지각색이다. 나는 이런 부류의 사람들을 만나는 것은 경계한다. 거래처라 할지라도 소통을 최소화한다. 이유는 간단하다. 부정적인 에너지는 전염되기 때문이다.

단골도 사람이다. 사람들은 긍정적이고, 밝고, 깨끗한 곳을 좋아한다. 그런 곳은 더 머물고 싶어한다. 단골이 없는 건 어디까지나 단골이 머물 수 있는 자리를 만들지 못한 가게 문제다.

세 번째, 꾸준한 확장이 답이다. 유튜브 영상에서 백종원 대표가 한 말 중에 나를 반성하게 만든 말이 있다.

"내 가게에 온 사람들보다 오지 않은 사람들이 더 많다."

나는 이 말을 듣고 크게 반성했다. 최근 매출을 보면서 한계에 도달한 것 같다는 느낌을 받고 있었는데, 백 대표의 말을 빌어보자면 한계는 나의 능력에 있는 것이었다. 매장 매출에는 한계란 없는 것이다.

2022년 5월 신문에서 대전을 대표하는 빵집인 성심당의 기사가 났다. 코로나가 확산된 2020년에는 사회적 거리두기의 여파로 타격이 컸다고 한다. 80~90억 원대이던 순이익이 22억 원대로 4분의 1 토막이 났다고 한다. 그러나 1년 만에 부진을 털어내고 다시 성장세를 회복했다고 한다. 1956년 대전역 앞 찐빵 가게로 시작한 성심당은 66년 동안 대전 지역 매장만 고집하며 열고 있다. 한때는 전국으로 퍼져가는 프랜차이즈 빵집에 밀려 힘든 시기를 보내기도 했다. 그러나 성심당은 대전 지역에 뿌리를 더 깊게 내리고 지역 사업에 올인했다. 매출의 한계를 느꼈다면 군산 이성당이나 대구 삼송빵집, 부산 옵스 등 지역에 뿌리를 두고 있는 일명 향토 빵집들처럼 전국구 베이커리로의 진출을 꾀할 수도 있었다. 그러나 성심당의 전략은 달랐다. 그리고 이 전략이 통했다는 것을 독보적 성장으로 증명해내고 있다.

나도 성심당에 가보고 싶다. 성심당에 가기 위해 기꺼이 대전으로 차를 몰고 내려가고 싶다. 매출의 한계는 이런 매력이 없어서 일어난 일이다. 얼마나 꾸준한 확장을 하고 있는가? 자신의 업에 대한 지식의 확장은 얼마나 이뤄지고 있는가? 매장 운영 능력에 대한 확장은 오픈하고 나서 얼마나 자주 하고 있는가? 고객응대 서비스에 대한 흐름과 SNS 마케팅을 어떻게 활용하고 확장하고 있는가? 나 스스로도 반성되는 대목이다. 꾸준한 성장만이 규모가 작아도, 지역적 한계가 있어도, 강한 카페로 거듭나고 단골이 몰려드는 열쇠가 되리라고 확신한다.

# 06

# 잘되는 카페의
# 특별한 이유

코로나로 전국이 아수라장이었다. 오랫동안 알고 지낸 한 공인중개사는 코로나가 심했던 2년간 어떠한 거래도 못 했다고 말할 정도다. 거짓말이라고 믿고 싶을 정도로 말이 안 되는 상황이다. 그러나 이 시기에도 창업을 준비하는 사람이 있다. 믿기지 않을 정도로 잘되는 카페도 있다. 카페뿐일까? 모든 업종에서 잘되는 곳은 더 잘되는 경우가 많다. 도대체 잘되는 카페는 무엇이 다른 것일까? 잘되는 카페들은 다른 사람들이 따라 할 수 없는 그들만의 독특한 노하우가 있다. 그 노하우는 다양하다. 그렇지만 그들만의 공통점을 추려보고자 한다.

첫 번째, 그들은 선택과 집중을 할 줄 안다. 최근 커피로맨스도 배달을 해야겠다고 생각했다. 코로나 이전에는 할 마음이 없어서 안 했고, 코로나 중에는 나까지 할 필요가 있나 싶었다. 코로나가 잠잠해지면 오프라인 시장이 다시 좋아질 것이라고 생각했다. 그런 시기가 오면 자연스럽게 배달 시장도 축소될 것이라고 생각했다. 그러나 지금은 생각이 많이 달라졌다. 배달 시장의 확대와 플랫폼을 이용하는 소비자들로 인해 이미 배달은 하나의 문화가 되었다는 느낌을 강하게 받는다. 나도 변화해야겠다는 생각이 들었다. 하지만 어떻게 시작해야 할지 막막했다. 배달 어플을 켜고 카페&디저트 카테고리를 한번 들어가보면 하나같이 모든 것을 팔기로 작정한 사람들처럼 보인다. 카페에서 떡볶이와 와플은 기본이고 즉석밥을 이용한 밥요리까지, 카페인지 분식집인지 구분이 안 된다. 음료 메뉴도 스크롤을 몇 장씩 넘겨도 끝이 보이지 않는다.

과연 내가 이런 배달 시장에 들어가서 주문 하나라도 받아낼 수 있을까 의구심이 들었다. 고민이 며칠간 지속됐다. 결론이 나지 않는 그 시점에 수원에 신규 가맹점 계약차 방문한 손님이 계셨는데, A푸드 프랜차이즈 대표님이었다. 원두 납품만 받으시다가 수원에 온 김에 매장까지 방문하셨다. 이때다 싶었다. 원두 납품 계약 때부터 배달을 강조하셨던 대표님에게 고민을 나눴다. 대표님은 디저트와 요식업에서 큰 성과를 이루신 분이셨다. 특히 배달 어플 내 전국 매출 다섯 손가락 안에 들어본 경험이 있으신 분이셨다. 그분의 가르침이 절실하게 필요했다. 그분은 커피로맨스를 둘러본 뒤 커피에 강점이 있다는 것을 보셨고, 바로 솔루션을 제시하셨다.

"대표 메뉴 5~6개만 하세요. 높은 가격으로, 전문적으로 탁월하게 맛을 내세요."

당황스러운 솔루션이었다. 배달 어플에 있는 카페들이 어떻게 하는지 누구보다 잘 아실 텐데 말이다. 그렇지만 대표님의 생각은 충분히 전달되었고 나는 설득되었다. 이 전략으로 승부를 보지 못하면 나도 다른 카페와 똑같은 전략으로 승부를 보려고 할 것이다. 그렇게 되면 결국 서로를 갉아먹다 지쳐버릴 것이다. 팔면 팔수록 비용만 많아지고 손해만 볼 게 뻔했다. 대표님은 그럴 바에는 살 수 있는 전략에 승부를 볼 수 있는 틈새를 파고들라는 조언을 해주셨다. 성공한 가게들은 하나같이 자신이 잘할 수 있는 것을 남들보다 탁월하게 잘해서 살아남은 것이다.

두 번째, 선택했으면 선택에 더 집중하라. 화성의 오피스단지 입구에 있는 사장님의 전략은 '손님이 원하는 것을 주자'이다. 그분은 커피 맛을 잘 몰랐다. 처음에 직원과 아내가 골라준 원두로 카페를 오픈했다. 단, 그 상권에 있는 손님들이 좋아하는 맛을 골라 선택했다. 그리고 다른 메뉴들은 커피보다는 친숙해서 직접 레시피를 잡았다고 했다. 손님들이 좋아할 만한 단맛과 촉감을 찾기 위해 노력했다. 그리고 여름이 되면 사람들이 제일 좋아하는 수박 음료를 위해 수박을 수십 통씩 구입해 온다. 그리고 냉장고와 냉동고에 가득 채워 넣고 수백 명에게 판매한다. 그에 더해 사장님은 건물 뒤편 공터를 사용할 수 있도록 건물주와 협상했다. 왜냐하면 코로나로 인해 실내에 있기 싫어하는 고객들과 흡연 고객이 사용할 야외 테라스를 만들기 위해서다. 매장이 40평인데 테라스는 100평 가까이 된다. 혹여나 스포츠경기가 있을 때면 편히 보고 가길 바라는 마음에서 대형 TV까지 설치해놨다. 오피스 상권의 음료값은 다소 낮은 편이다 보니 서비스만족도가 높지 못한 것이 사실이다. 값이 낮은 만큼 서로 이해하는 것이다. 그러나 이렇게 정성 들이는 카페가 있으면 매일 오고 싶지 않겠는가? 이 카페는 분기별로 어떤 것이든지 꼭 재투자되어 바뀐다. '어떻게 하면 고객이 더 쾌적하고 편히 있을 수 있을까?' 하는 질문을 지속적으로 묻고, 노력한 결과다.

세 번째, 가격을 높게 잡아라. 앞서 커피로맨스의 배달 콘셉트에 대한 이야기를 했다. 그중 하나가 메뉴를 적게 두고 집중하라였고, 또 다른 하나는 가격을 높게 잡아라였다. 이번에는 가격을 높게 잡는 것에 대해 말하고 싶다. 왜 가격을 높게 잡아야 할까? 반대로 생각해보자. 왜 사람들은 가격을 높게 잡지 못할까? 이유는 간단하다. 팔리지 않을 것이기 때문이다. 하지만 명품들은 하나같이 가격표에 공이 하나 더 붙어 있다. 이것이 현실이고 팩트다.

다시 질문하겠다. 왜 그들은 가격표의 숫자가 길어도 구매하려고 줄을 서는가? 그만한 가치가 있고 그 가치를 지켜왔기 때문이다. 질문의 연속으로 결론에 도달했다. 우리도 가격을 높게 받기위해서 무엇을 해야 할까? 가치 있는 제품을 기획하고 판매하는 것, 그리고 그 가치를 끝까지 고수하는 것에 답이 있다.

커피로맨스는 2014년에 오픈했다. 당시 아메리카노 가격은 3,000원으로 시작했다. 지금은 4,000원이다. 원두는 최소 프리미엄에서 스페셜티 커피를 고수했다. 직접 커피를 볶았다. 신선도는 일주일 이내 모두 소진되도록 유지했다. 창업하는 그날부터 지금까지 가장 잘한 일이 가격을 절대 내리지 않았던 것, 그리고 그 가치를 유지했다는 것에 두고 있다. 그래서 살아남을 수 있었다.

오픈할 때만 해도 주위에 카페가 전혀 없었다. 반경 1km 안에 한 곳 있었다. 그것도 상권이 다른 곳이었다. 게다가 요거트를 중심으로 한 프랜차이즈였다. 그런데 지금까지 10년 가까이 운영하는 동안 많이 생길 때는 일곱 개까지 들어섰다. 지금은 어떠할까? 일곱 개 정도의 카페에서 단 네 곳만 남았다. 한 곳은 커피로맨스, 다른 두 곳은 주인이 자신의 건물에서 하는 건물주 운영 카페, 마지막 한 곳은 먹자골목 초입에 위치해 자리가 좋고, 가격도 높은 고급화 전략에 성공한 곳이다. 단 네 곳만 오랫동안 유지 중이다. 아메리카노 가격이 평균 3,500원이 넘는 가격대를 유지하고 있다. 오피스 상권이지만 이렇게 유지하고 있다.

중간에 없어진 카페들은 살아보고자 가격을 내리다가 버티지 못하고 사라졌다. 살아보고자 가격을 인하한 것인데 오히려 스스로 죽음으로 내몰았다. 10년간 직접 경험한 사실이다. 가격은 내가 살아남을 수 있는 가격을 당당하게 내걸어야 한다. 내걸고 그 가격에 아깝지 않을 만한 가치를 주면 그만이다. 그만한 가치를 퍼주는데 재구매가 없다면 내가 잘못한 것이다. 가치를 못 느끼게 만들었거나 객관적으로 가격에 상응하는 또는 그 이상의 가치가 부여되지 않았을 것이다. 객관적으로 가치가 입증되었고, 고객도 느끼고 있음을 파악했다면 된 것이다. 그 가치를 끝까지 지켜나가는 것이다. 더 많은 사람들이 알 수 있도록 홍보하고 노력하면 된다.

잘되는 카페는 특별한 이유가 있다고 말했다. 그러나 공부 잘하는 법이 뻔한 것처럼 잘되는 카페의 특별한 이유도 특별한 게 결코 아님을 알게 되었을 것이다. 무엇이든 원리는 간단하고, 진리는 단순하다. 너무 뻔해서 허무할 지경이다. 잘되는 카페는 자신들이 받은 돈보다 더 많이 퍼주는 사람들이란 것을 절대 잊지 말자. 성경에는 이런 말이 있다.

용서하라 그리하면 너희가 용서 받을 것이요.
주라 그리하면 너희에게 줄 것이니,
곧 후히 되어 누르고 흔들어 넘치도록 하여
너희에게 안겨주리라.

우리도 먼저 주고, 받는 사장이 되도록 하자.

# 07

# 이 상황에서
# 눈물은 사치야

사람들은 살면서 크게 변하는 순간을 맞이한다. 어떤 이들은 자신에게 무한한 사랑을 부어준 이들의 헌신과 죽음을 맞이하는 순간 변한다. 또 어떤 이들은 크게 실패하거나 자신이 살아왔던 환경과 전혀 다른 곳에 던져졌을 때 변한다. 지금껏 살아오면서 상상하지 못했던 일이 펼쳐진 그 순간에 이전에 살아왔던 방식이 아닌 전혀 다른 방식으로 살아가기 위해 변한다.

카페를 운영하면서 나도 크게 깨달음을 얻었던 순간이 있다. 카페를 오픈할 때 나를 포함한 세 명의 사람이 6평 가게를 함께 시작했다. 시작하는 순간까지 우리 세 명은 밝은 미래를 꿈꾸며 하나하나 같이 준비하고 계획했다. 그렇게 시작한 카페였다. 그런데 우리의 생각과 달리 1년 6개월 정도가 지나자 모두 카페를 떠났다. 나 혼자 카페를 운영하게 되었다.

그 순간을 아직도 잊지 못한다. 처음부터 혼자였으면 오히려 마음이 편했을 것 같다. 같이 운영하다가 혼자가 되면 전혀 다른 느낌이다. 그래서 거래처 사장님들을 만날 때 동업으로 시작해 혼자 운영하게 된 사장님들에게 나는 큰 위로의 말씀을 드린다. 그리고 실질적으로 도움이 되는 컨설팅을 하려고 노력한다. 그리고 다른 사장님들보다 컨설팅과 대화 시간이 길어진다. 대화가 마무리되려고 하는 시간이 오면 어김없이 거래처 사장님들은 울음을 쏟아낸다. 그동안 기가 막히고 코가 막히는 상황 가운데 혼자 헤쳐나가야 했기 때문이리라. 그 마음을 너무나 잘 아는 사람이 위로를 해주니 눈물이 날 수밖에 없었던 것이다.

나는 그렇게 혼자가 되었을 때 크게 변했다. 내면에서 이런 소리가 들려왔다.

'아무리 울어도 누구도 나의 인생을 책임져주지 않아. 답은 하나야. 방법을 찾고 이겨내는 것 뿐이야. 내 부모도 나의 1억 원 넘는 빚을 책임져야 할 의무는 없고, 그럴 이유도 없어.'

나는 그때 눈물도 나지 않았다. 그때까지만 해도 살면서 힘들 때는 울고불고 하는 게 필요하다고 생각한 사람이었다. 어쩔 수 없는 상황이란 게 있지 않는가? 사람이 어떻게 모든 조건과 위험을 예상하고 대비하겠는가? 그럴 수는 없다. 불이 나거나 홍수가 나서 모든 손해를 보는 상황에 처하면 눈물밖에 더 나겠는가? 그러나 모든 동업자들이 떠난 상황은 나에게 좀 다르게 와닿았다. 동업자들은 힘든 점이 있으니 떠난 것이고, 사업이 안되었으니 떠난 것이고, 빚은 계속해서 늘어간 것이다.

눈물을 흘리고, 누가 나를 위로하고 구해줄까 구걸할 때가 아닌 것이다. 방법을 찾아내야 하는 상황인 것이다. 그런 상황에 처하고 나니 나는 비로소 사업을 제대로 바라보게 된 것 같다. 모든 원인이 스스로에게 있다는 관점으로 책임감을 가지고 바라보니 문제가 보였다.

문제의 원인은 무엇이었을까? 첫 번째는 저조한 매출이었다. 우리 카페는 원두 납품을 주력으로 하는 로스팅 카페다. 그래서 입지가 열악해도 영업력으로 끌어올리면 매출을 극복할 수 있다. 너무나 당연한 이 한 줄의 해결책을 당시에는 시도하지 못했다. 사람을 만나는 게 두려웠기 때문이다. 그러나 영업이란 개념도 찾아보지 않은 풋내기였다. 커피 로스팅 기계를 보여주면 자연스럽게 원두 납품을 받으러 사장님들이 들어올 줄 안 것이다. 어리석고, 미련하고, 게을렀다. 원두 납품 매출은 턱없이 저조하고 수익성이 없는 상황에서 그나마 손님들이 오는 오프라인 운영에 세 명이 매몰된 것이다.

동업자 세 명이서 월급을 가져가려면 최소 일인당 200만 원은 있어야 하지 않겠는가? 그러면 간단히 계산해도 600만 원의 순수익이 나와야 한다. 순수익 대비 매출을 계산하는 방법 중에 곱하기 3~4배를 하는 경우들이 많다. 그렇게만 계산해도 오프라인 카페매출은 1,800만 원이라는 계산이 나온다. 당시 우리는 하루에 3~5만 원도 간신히 매출을 올릴 때였다. 턱없이 부족한 상황이었다. 지금 생각해보면 동업자들뿐만 아니라 나도 카페를 그만두는 게 당연한 매장이었다. 혼자 남아서 지금까지 해온 내 카페 운영을 보니 한심하기 짝이 없었다. 또 다른 원인은 없었을까?

두 번째는 홍보가 부족했다. 홍보란 무엇인가? 너무나 막연한 영역이다. 그러나 조금 좁혀서 생각해보자. 지금은 가게 운영에 있어 너무나도 당연해진 '마케팅'이다. 마케팅을 할 줄 알아야 한다. 오픈 때부터 5년간은 마케팅에 대해서 전혀 몰랐다. 흔히들 하는 SNS도 전혀 몰랐고, 어떻게 활용하는지 몰랐다. 그저 커피업계의 소식을 인플루언서나 광고로 접하는 공간으로만 인식했다. 홍보의 홍, 마케팅의 마 자도 모르는 내가 카페를 운영하니 새로운 사람들이 올 리 없었다. 그리고 더 안타까운 현상은 그마저도 비싼 돈을 주고 외주업체에 맡기려는 꼼수를 부려 재정 상황을 악화시켰다는 것이다.

앞으로 책에 블로그나 홍보에 대한 내용을 넣겠지만 홍보의 중요성을 다루는 수준이다. 카페 창업을 준비하는 예비 사장님들은 반드시 마케팅에 대한 감각을 길러나가야 한다. 수많은 책들을 참고하고 온라인 유료강의를 듣고 꾸준하게 펼쳐나가야 한다. 아직도 거래처 사장님들을 만나면 기초 중의 기초인 마케팅 관련 단어도 모르는 분들이 많다. '키워드', '해시태그' 등의 너무 기본이어서 민망한 단어들도 어떻게 써야 하는지 모르는 사장님들을 볼 때면 앞이 캄캄하다. 앞서도 이야기했지만, 매출의 한계를 느낄 때마다 나에게 동기부여를 해주는 백종원 대표의 말을 떠올린다.

"나의 매장을 온 사람보다 오지 않은 사람이 더 많습니다."

명언 중에 명언이다.

나는 아내와 집 근처에 외식을 하러 갈 때면 지도 앱을 켜고 검색한다. 볼 때마다 느끼는 것이지만 100m 반경에 가보지 않은 매장이 아직도 넘쳐난다는 사실에 놀라곤 한다. 아직도 우리 매장에 오지 않은 손님들이 온 사람들보다 더 많음을 명심하자. 요즘 세상에는 전단지를 돌릴 게 아니라 마케팅 감각을 길러 그들에게 다가가야 한다.

세 번째로 나는 영업능력이 없었다. 사람들은 영업과 세일즈에 대한 막연한 알레르기 반응 같은 것이 있는 것 같다.

"영업은 아무나 하는 게 아니야!"

"영업을 하러 가는 게 아니라 손님이 오게 만들어야지!"

"영업을 하라고요? 물건을 팔러 다니라고요?"

나는 이런 생각을 아직도 수많은 사장님들과 고객들이 갖고 있음에 늘 감사하다. 그런 생각들 덕분에 나의 가망고객들이 존재하기 때문이다. 나는 카페가 힘들어 접으려고 했다. 그러나 바로 접지 않고 네트워크 마케팅을 병행하면서 제2의 인생을 구축하려고 노력했다. 비록 실패로 끝났지만 당시 나는 2년의 시간을 보내면서 상품을 설명하고, 고객을 설득하고, 납품하는 데 필요한 다양한 스킬을 배웠다.

세일즈를 하기 전에도 원두 영업은 했다. 그러나 다른 사장님들을 만나 원두를 소개할 때면 어찌나 떨리는지 내가 무슨 말을 하고 있는지 몰랐다. 그저 '원두팔이 소년'이었다. 그렇게 몇 번 시도하다가 그만두게 되었고, 영업은 나와 맞지 않는 방법이라고 생각하고 접었다. 그 외에도 접게 된 계기들은 몇 가지 더 있다.

그중 하나 기억에 남는 일이 있다. 원두 납품을 할 때 무엇보다 시음을 하는 게 중요한데, 그러려면 거래처 사장님의 커피를 가는 기계 그라인더를 비워야 한다. 그런데 손님이 오면 그게 쉽지 않다. 그래서 내 매장에 있는 그라인더를 가져가곤 했다. 하지만 너무나 무거웠고 분해해서 가져가야 하니 손이 모자랐다. 그때 일이 일어난 것이다. 한꺼번에 들고 가다가 원두 보관통을 떨어뜨렸고, 그만 시음해드리러 간 카페 바닥에 원두와 내 그라인더가 나뒹굴었다. 아찔했다. 손님들도 있었는데 시음은커녕 빗자루로 쓸고 버리기 바빴다. 그렇게 한바탕하고 나니 그 상황을 다시 마주할 용기가 나지 않았다.

지금 돌이켜보면 주위에 영업을 하고 있는 멘토가 있었으면 성장이 더 빨랐겠다고 생각한다. 영업의 생명은 행동에 있기 때문이다. 거절에 익숙해져야 하며 실수에 주눅들지 말아야 한다. 거절당하면 다른 사람에게 제시해서 성사시키면 되고, 실수했으면 다음에 실수를 보완해서 성공적으로 행동하면 되기 때문이다. 실패와 실수가 나를 발전시키는 요소인데 나는 포기의 요소로 본 것이다.

모든 것이 끝난 것 같은 순간에야 비로소 명확히 문제를 보게 되었다. 결국 그만두고 망하는 요소는 단 하나다. 내가 생활할 수 있는 충분한 매출이 없기 때문이다. 자포자기하며 우는 것이 해결 방법은 아니라고 말하고 싶었다. 눈물을 그치고 냉철하게 자신을 들여다봐야 한다. 그때서야 비로소 내 카페를 시작할 수 있다.

PART **02**

# 단골이 넘치는 카페의 원칙

# 01

# 단골이 없는 카페는
# 기본기도 없다

　나는 카페를 하면서 많은 실패를 경험했다. 그리고 왜 실패했는지 고민했고 방법을 찾아왔다. 그리고 잘되는 카페는 이유가 분명히 있다고 믿었다. 그 이유를 부지런히 찾고 또 찾았다. 그 결과 잘되는 카페 즉, 단골이 넘치는 카페의 비결을 모두 찾았을까? 아니다. 정답을 찾지 못했다. 더 정확히 말하면 어느 매장에도 적용되는 정답 같은 것은 없었다. 잘되는 카페들은 정답이 정해져 있지 않았다.

　자신의 카페에서 사용하는 커피를 한 주에 한 잔도 먹지 않는 사장님이 계셨다. 누가 봐도 파리가 날려야 정상인 카페다. 그러나 그 가게는 손님이 너무 많이 와서 직원들이 도망갈 정도로 잘된다. 사장님도 점심에 손님이 너무 많이 와서 더 이상 오지 않았으면 좋겠다는 생각을 할 정도다. 이런 카페가 있는가 하면 소소하게 동네 카페로 인식되고, 한

적하게 카페를 운영하는 사장님이 계신다. 그 사장님은 누가 봐도 멀쩡한 커피를 마음에 들지 않아 수도 없이 버리고 다시 맛보기를 반복하시는 깐깐한 사장님이다.

어디에도 정답은 없었다. 그러나 카페를 운영하는 데 있어 기본기는 실제로 존재한다고 생각한다. 자기 카페만의 적합한 기본기말이다. 예를 들어, 오피스 상권의 카페가 있다고 해보자. 어떤 기본기가 중요할까? 내가 알고 있는 오피스 상권의 핵심 기본기는 바로 스피드다. 즉, 빠른 속도로 음료가 서빙되어야 한다. 생각해보자. 직장인들은 오전 11시 30분, 혹은 정오부터 식사를 한다. 그리고 1시간 내에 업무에 들어가야 한다. 그들의 황금 같은 자유시간은 오직 1시간이다. 그런데 음료를 10~15분 기다리는 시간은 절대 허용될 수 없는 것이다. 천상의 커피 맛이라고 해도 용서가 안 될 것이다. 오피스 상권에 있는 매장의 기본기는 어떻게 하면 맛을 유지하면서 빠른 시간 내에 손님에게 서빙될 수 있는가에 달려 있을 것이다.

동네 카페를 예로 들어보자. 나 같으면 동네 상권에서도 초등학생 이하의 학부모들이 많은지 중고등학생 학부모들이 많은지를 나눠서 볼 것 같다. 왜냐하면 라이프스타일이 많이 다르기 때문이다. 커피로맨스는 지금은 전형적인 오피스 상권에 초점을 맞춰 운영된다. 하지만 초기에는 초등학생 이하 학부형들이 대부분이었다. 그때는 정말 아무 생각 없이 운영했다. 지금 돌이켜보면 그분들을 겨냥한 음료나 디저트 등을 좀더 신경 썼으면 자리잡는 데 수월했을 것 같다. 거기에 더해 학부형들의 라이프스타일에 관심을 기울였다면 단체손님까지도 고정적으로 확보할 수 있었을 것이고, 만약 그분들을 위한 서비스에 집중했다면 소문도 빨리 났을 것이다. 그리고 1년 안에 자리를 확고히 잡았을 것 같아 아쉬움이 남는다.

그 밖의 기본기는 무엇이 있을까? 상권 분석은 수많은 기본기 중에 하나일 뿐 전부가 아니다. 카페를 운영하는 데 가장 우선시 되어야 할 기본은 어떤 카페가 되고 싶은가를 정하는 것이다. '왜 카페를 하려고 하는가?', '카페 운영을 하는 궁극적인 목표가 무엇인가?'와 같은 질문에 거창한 대답이 아니더라도, 한 문장으로 요약할 수 있으면 된다.

나는 커피를 시작할 때 국제적으로 비즈니스를 할 수 있을 것 같아 배우기 시작했다. 비즈니스적으로 생각한 것이다. 그러다 학원을 다니고, 좋은 카페들을 돌아다니다 커피 맛에 매료되었다. 그런 경험을 하고 난 뒤에는 커피에서 받은 감동을 고객에게 온전하게 전해주고 싶었다. 내가 받은 커피 맛의 감동을 내 커피에서도 고객에게 느끼게 해주자는 목표를 갖고 카페를 하고 있다.

그래서 초기에 카카오스토리를 꾸미거나 카카오톡 프로필에 "진짜 커피를 하고 싶었습니다. 진짜 맛있는 커피를 만들고 싶었습니다"라는 문구를 적은 게 기억난다. 시간이 지나면서 부족한 느낌이 들어 문구들은 변경되어왔다. 그러나 커피에서 느낀 감동을 내가 만든 커피에서도 느끼게 해줘야겠다는 결심은 늘 내 가슴 한편에 자리하고 있다.

그런데 왜 이런 문구나 목표가 중요할까? 너무 뻔하고 구식의 방법처럼 느껴지는가? 절대 그렇지 않다고 말하고 싶다. 카페도 자영업이다. 한마디로 장사임을 절대 잊지 말고 명심하자. 장사는 하루이틀 내에 수익을 내고 끝내는 도박이 아니다. 최소 3년에서 5년은 한자리에서 꾸준하게 영업을 해야 빛을 볼 수 있는 것이 장사다. 그런 세월 속에서 중심을 잡고, 하루하루 운영의 방향이 없으면 유행만 좇다가 끝나버리기 십상이다. 여기에 함정이 있다. 그래서 사업계획서를 쓰라고 말하는 것이다. 그리고 왜 사업을 하는가 물어보는 것이 중요하다. 내 안에 왜 카페를 하는지 분명한 목표가 있다면 흔들려도 가야 할 곳이 있기에 속도가 느리더라도 한걸음씩 나아가기 마련이다.

마지막으로 목표만큼이나 중요한 기본기로 마무리하려고 한다. 장사는 물건을 고객에게 파는 것이다. 너무나 심플한 게 바로 장사다. 고객이 좋아할 만한 물건을 사와서 팔거나 만들어 팔면 되는 것이다. 그런데 정말 재미있는 사실은 이렇게 심플한 장사를 기업으로 만드는 사람이 있는가 하면, 망하는 사람도 존재한다는 것이다. 왜 이런 차이가 생길까? 장사는 물건을 고객에게 파는 것이라고 말했지만, 이것은 세부적인 내용을 다 빼고 말한 것이다. 세부적으로 나눠서 말해보면 이렇다. 고객은 내가 팔 물건을 살 만한 가망고객이어야 한다. 동시에 가망고객이 확실하게 선택할 수밖에 없는 가치 있는 물건을 취급해야 한다. 이해가 되는가? 그냥 물건을 사람에게 주기만 해서 성립되는 게 장사가 아니라는 것이다. 좋은 물건을 살 만한 사람에게 준다는 것은 곧 '마케팅'을 의미한다. 좋은 물건을 취급한다는 것은 물건을 보는 능력 즉, 트렌드를 읽는 능력이 있어야 함을 의미한다. 그리고 좋은 물건을 만든다는 것은 제작 능력이 있어야 한다는 뜻이고, 음식이라면 많은 사람들이 먹어서 좋아할 만한 음식 실력을 겸비해야 함을 의미한다. 짧게 마지막으로 강조하고 싶은 기본기는 바로 '배움의 자세'라고 정의하고 싶다.

모든 기본기를 완벽하게 갖추고 카페를 시작하는 사람은 물론 없다. 기본기를 완벽히 갖추고 창업해야 한다고 말하는 사람은 교육콘텐츠 사업을 하는 사람이거나 창업하지 못하도록 방해하는 사람일 것이다. 우리는 부족한 가운데 시작할 수밖에 없다. 그러면 과연 어떤 능력을 갖춰야 하는가? 문제를 직면하면 해결할 수 있는 배움의 자세를 길러야 한다. 그러면 배움의 자세는 어떻게 기를 수 있을까?

첫 번째, 책을 통해서 배울 수 있다. 생각보다 장사는 세부적인 능력들이 많이 필요하다. 메뉴 기획, 마케팅, 세무, 직원들과의 관계의 기술, 고객과 소통하는 법, 건강을 관리하는 법 등등 너무나 많다. 이런 세부적인 내용들을 모두 사람에게 1 : 1로 배울 수 있을까? 시간과 비용이 만만치 않다. 책만큼 효율적인 도구는 존재하지 않는다. 책을 통해 배울 수 없는 것이라면 컨설팅받는 곳을 찾아보자. 카페를 운영하면서 커피 관련 책 한 권을 제대로 읽지 않고 카페를 시작한 사람들이 많다. 초기에는 티가 나지 않는다. 그러나 3년만 지나도 격차는 크게 벌어진다. 글을 읽고 이해하는 능력에서 글쓰는 능력까지 격차가 다방면에서 벌어진다.

지금은 더 이상 전단지를 뿌려서 홍보하고, 지인 등 인맥으로 장사를 하는 시대가 아니다. 지금은 마음을 할퀴고 지나갈 한 문장, 한 장의 사진과 글로 사람의 마음을 사는 시대다. 그런 기술은 하루아침에 가질 수 없다. 책을 통해 배우고 글로 치열하게 소통한 사람들만 가질 수 있다. 그래서 나는 단골이 없는 카페를 성장하지 않는 카페라고도 말하고 싶다. 사람들이 계속해서 머물지 못했다는 것은 그럴 만한 이유가 당신의 카페에 존재하지 않았기 때문이라는 사실을 명심하자. 재미도 없고, 얻을 게 없으니 오지 않는 것이다. 다시 처음으로 돌아가 시작하는 마음으로 내 카페를 바라보자.

# 잘되는 카페 사장은
# 타고난 게 아니다

카페가 자리를 잡고 난 뒤, 점심이면 사람들이 많이 몰린다. 대부분 점심시간에 오는 직장인들이다. 최소 두 명 이상 산책 겸 매장에 오기 때문에 주문이 많다. 그럴 때면 아무리 빨리 만들어도 대기인원이 발생한다. 기다리던 직장인들은 이런 말을 자주 하곤 한다.

"나도 이런 카페 하나 있었으면 좋겠다."

"사장님, 장사 잘되서 너무 좋으시겠어요."

대부분 응원의 말로 많이 해주신다. 하지만, 자신도 언젠가는 퇴직 이후의 삶을 준비해야 한다고 생각해서일 수도 있고, 약간의 부러움도 있을 것이다. 내 카페를 이렇게 만들겠다고 작정하긴 했지만, 정말 이렇게 될지는 확신이 서지 않았다. 그저 매일이 힘들기만 했다.

사람을 망각의 동물이라고 하지 않던가. 나는 단골 손님들을 보면서 그런 생각이 들 때가 있다. 대부분 단골들은 나의 오픈 초기 때를 안다. 커피 한 잔 뽑는 모습도 너무 서툴고, 6평의 작은 카페에서 큰 덩치로 자리 잡고 있던 나를 안다. 손님이 없어 카페에 커피 냄새 하나 없던 그 시절을 말이다. 그러나 그런 단골들도 커피로맨스가 성장하고 난 뒤, 원래 이런 매장이었다는 듯이 말한다. 그리고 어떤 분들은 자신도 카페를 창업하면 무조건 성공하리라고 생각해서 오픈했다. 하지만, 대부분 오픈했다는 소식을 들려주곤 몇 달이 지나 궁금해서 연락드리면 통화가 안 된다. 대부분 폐업을 한 것이다.

카페는 왜 이렇게 쉽게 시작하고 망할까? 카페는 진입장벽이 다른 장사보다 굉장히 낮다. 커피머신과 냉장고, 매장 계약을 할 수 있는 돈만 있으면 차릴 수 있는 게 카페다. 그리고 메뉴의 가격을 900원부터 책정하는 곳도 있다. 세상 어디에도 900원 김밥은 존재하지 않는다. 편의점 삼각김밥도 1200~1300원이다. 그런데 커피는 인스턴트커피까지 포함한다면 300~400원 단위까지 내려갈 수 있다. 그리고 잘되는 카페를 보니 별것 없어 보여서 쉽게 시작하는 것이다. 한마디로 마음의 부담이 적다.

결국, 카페 실패의 가장 큰 원인은 진입장벽이 낮다는 점에 있다. 이 부분을 바꿔 생각해야 하는데 좋은 면만 보는 것 같다. 진입장벽이 낮다는 것은 많은 경쟁자가 있다는 것이다. 그래서 이 시장에서 살아남기 위해서는 차별화될 수 있는 점이 많아야 한다. 상권이 좋은 곳에 가든지, 커피 맛을 위해 많은 투자를 하는 등 여러 차별화를 줄 수 있다. 그러나 대부분 이런 생각을 거의 하지 않고 시작한다.

그렇다면 어떻게 카페 창업을 성공으로 이끌 수 있을까? 세 가지로 말해보면, 첫 번째는 많은 실패를 통해서 배워야 한다. 도널드 트럼프(Donald Trump)와 로버트 기요사키(Robert T. Kiyosaki)의 공저인 《마이더스 터치》에서는 실패에 대해 이렇게 말한다.

"실수는 인정하지 않는 순간 죄악일 뿐이다."

로버트는 자신이 오늘날 세상에서 가장 위대한 천재로 여기는 버크민스터 풀러(Buckminster Fuller) 박사의 말을 인용해서 말했다. 실수와 실패는 벌어질 수밖에 없다. 늘 따라다닌다. 그러나 그 과정에서 원인을 분석하고 배워야 한다. 그것도 빠르게, 더 빠르게 배워야 한다.

나의 큰 실패 중 하나는 커피 맛을 위해서 많은 커피머신을 바꿔온 것이다. 그것도 중고거래를 통해서 말이다. 커피머신을 바꾸면 바꿀수록 시간과 에너지가 많이 들어갔다. 바꾸면서 같이 샀으면 하는 기계들을 같이 바꿔서 이익이 나면 모두 재투자되었다. 이 계기로 커피머신에 대한 이해도도 높아졌다. 당연히 커피 맛도 많이 좋아졌다. 하지만, 당시의 경험은 나에게 많은 시간과 비용의 대가를 치르게 했다. 그리고 커피머신의 변화와 커피 맛의 변화를 손님들이 나만큼 크게 생각하지 않음을 알게 되었다.

두 번째는 남의 실패를 통해서 배워야 한다. 나의 실패만으로 배운다면 비용과 시간이 너무 크다. 운이 나쁘면, 그 실패로 큰 피해를 입어 그만두게 될 수도 있기 때문이다. 앞서와 동일하게 커피머신을 예로 들어보면, 최근에도 나는 커피머신에 대해 생각하고 있다. 바꾸고 싶다는 생각이 드는 것이다. 그러나 예전의 실패로 나는 배웠다. 바로 바꾸지 않고 그 커피머신을 사용하는 매장에 가보는 것이다. 실제 매장에서 어떤 맛을 구현하는지, 매장에서 쓰기에 크기는 적당한지, 전기 용량은 내 매장과 맞는지를 내 눈으로 확인하고, 맛보는 것이다. 이 정도만 해도 큰 실패를 줄일 수 있다. 지금은 더 담대해져서 매장 사장님과 이야기하는 단계에까지 이르렀다. 사장님이 없는 시간에 가서 매장 직원들에게도 물어보고, 어떻게 사용하는지도 본다.

"그렇게 하는 건 당연한 거 아냐?"라고 말하는 사람이 있을지도 모른다. 현실은 그렇지 않다. 카페 창업을 앞두고 전국의 유명한 카페 열 곳도 제대로 찾아가보지 않은 사람이 대부분이다. 안타깝게도 어떻게든 되겠지라는 식의 운영이 정말 많다.

세 번째는 계속해서 배워야 한다. 나는 이 부분을 정말 강조하고 싶다. 사장은 계속 배워야 한다. 자신의 커피 실력은 기본이다. 그 외에 마케팅, 의식 성장, 건강 관리, 직원과의 소통 능력, 사업시스템에 대한 생각에 이르기까지 분야도 정말 다양하다. 그리고 책을 끼고 살아야 한다. 나는 카페 초기에 직접 경험할 수 있는 부분이 적어 책에 많이 의존했다. 그 모습을 보고 주변에서 책 좀 그만 보라는 사람들도 많았다. 나는 당시 카페도 힘들고, 나도 많이 부족하다는 생각에 큰 대꾸도 하지 못했다. 확신도 부족했기 때문이다. 그러나 지금 그들과 나의 인생의 크기와 방향, 영향력은 비교가 안 된다. 시간이 지나 생각해보니 나에게 조언했던 분들이 이해된다. 대부분의 사람은 성장하고 싶어하지 않는다는 것을 말이다.

　카페는 차려놓고 난 다음이 진짜 시작이다. 그러나 실패하는 많은 사람들은 반대로 한다. 카페를 오픈할 때 모든 정성과 돈을 쏟아붓는다. 다행히 나는 돈이 많이 없어서 처음부터 많은 돈을 쏟아붓지 못했다. 당시에는 그게 큰 불만이었으나 오히려 나를 살려낸 조건이 되었다.

　잘되는 사장은 타고난 게 아니다. 세상만사가 타고난 것으로 정해진다면 우리는 노력이라는 것을 할 필요가 없다. 그럴 이유도 없다. 모든 게 정해져 있기 때문이다. 일전에 가수 김건모의 다큐멘터리를 본 적이 있는데, 나는 그의 음색과 끼는 타고난 것이 아닌가 생각했는데 전혀 아니었다. 물론, 타고난 조건들도 있다. 그것을 부정하는 것이 아니다. 그게 전부가 아니었다는 말이다. 김건모는 자신의 곡을 최소 100번 이상 부르고, 녹음한다고 했다. 그래서 모든 곡을 외우는 단계를 넘어서 체득된 상태에서 녹음을 하는 것이다. 그러지 않아도 되는 가수인데 연습생보다 더한 생활을 하는 것이다.

　가수 박효신의 예도 있다. 박효신은 연습벌레라고 한다. 한 쇼프로그램에 나온 가수 적재의 말을 듣고 고개를 저었다. 연주자와 가수들의 합주시간은 4시간 단위로 정해져 있다고 하는데, 박효신은 자신의 콘서트 연습으로 모인 자리에서 4시간을 모두 목 푸는 연습 시간으로 둔다는 것이다. 4시간을 목을 풀고 그다음에야 슬슬 연주를 맞춰본다는 것이다. 나는 그 이야기를 듣고 내가 노래를 못 부르고 기타 실력이 늘지 않는 이유를 명확하게 알게 되었다.

타고났다고 하는 사람들은 하나같이 매일매일 자신을 갈고 닦는다. 아무도 보지 않을 때에도 계속해서 자신들은 실패와 실수를 반복한다. 그리고 수정 보완해서 자신을 성장시킨다. 그래서 나이가 들면 들수록 녹스는 게 아니라 더욱 정교해진다.

스스로에게 변명하지 말자. 세상에 쉬운 길은 없다고 생각하자. 당신의 카페가 성공하기 위한 요소들은 누구나 다 알고 있다고 생각한다. 그러나 행동하지 않고, 자신은 그렇게 하지 않아도 성공할 것이라고 스스로를 속이지 말자. 절대 편법은 없다. 지름길도 없다. 정도를 걸어야 한다.

# 03

# 다시 찾은 고객,
# 100년 단골처럼 대하라

나는 카페가 생존하는 첫 번째 조건을 단골 고객 확보라고 생각한다. 왜냐하면 카페의 생존조건은 오직 단 하나, 수익이기 때문이다. 고객이 지갑을 열어야 우리가 살 수 있다. 나는 커피 관련 유튜브 영상을 자주 본다. 그중 안스타 채널을 자주 본다. 안스타의 콘텐츠 중 카페 오너들이 나오는 라이브 방송 편집본을 즐겨 본다. 영상 중에 유동커피 대표의 말과 커피점빵과 로우키의 대표의 말이 적극 공감되어 나눠보려고 한다.

유동커피 대표는 녹차라떼를 맛있게 먹은 게 계기가 되어 카페 일을 시작하게 되었다고 한다. 그래서 자신의 카페에 고급 커피만 있을 게 아니라 손님과 원활한 소통을 할 수 있는 가벼운 메뉴를 반드시 넣어야 한다는 철학을 이야기했다.

로우키 대표는 성수동에 추가 매장을 열면서 유명해지는 것도 중요하지만 월요일부터 금요일에 오는 로컬손님의 확보가 무엇보다 중요함을 강조했다. 일주일에 한두 번 확 몰려와서 매출을 올리고 가는 손님에 집중하기보다 매일매일 안정적인 매출을 올려주는 로컬손님에 집중하라는 말로 들린다. 두 대표의 이야기를 조합해보면 매일 오는 고객들을 정성을 다해 단골 고객으로 확보하라는 말로 이해할 수 있다. 나의 단골 고객 확보가 카페 생존의 첫 번째 조건이라는 철학과 일맥상통하는 말이다.

가끔 모르는 번호로 문자가 올 때가 있다. 내 이름을 대거나 카페 이름을 대면서 영업시간을 물어보거나 카페에 지금 있느냐고 물어본다. 이런 문자는 대부분 최소 3~5년 정도 해외 주재원 등으로 파견을 나가 있다가 들어오는 단골 고객일 때가 많다. 오랜 해외 생활을 마치고 회사를 방문한 뒤 바로 카페로 오는 것이다. 해외에서 너무 맛없는 커피를 많이 마셔서 한국이 그리웠다고 한다. 이런 말을 들으면 마음이 먹먹해진다. 내가 뭐라고, 변두리에 이 작은 커피 가게가 얼마나 맛있다고 이렇게 칭찬해주시는지 몸 둘 바를 모를 때가 많다.

서로 살이 쪘고, 빠졌다고 놀림 반 칭찬 반 인사를 주고받는다. 오픈 초기에는 서로 이삼십 대여서 늙어가는 것을 몰랐다. 그러나 지금은 서로 삼사십 대로 접어들어 나이에 관한 농담도 추가되었다. 인사가 끝나면 바로 커피 이야기로 넘어간다. 자신이 5년 전 마셨던 그 커피를 다시 마실 때 손님의 표정은 혼자 보기 너무 아깝다. 그 표정을 볼 때면 "커피는 마약이다"라고 했던 일본의 유명 카페 '베어폰드 에스프레소' 대표의 말이 떠오른다. 어떤 맛과 느낌일까 궁금할 정도다. 상상조차 쉽게 하지 못한다. 5년 동안 맛있는 커피를 마시지 못하는 것은 어떤 기분일까? 살벌한 형벌만큼이나 가혹하다. 이처럼 단골 고객을 탄탄하게 만들기 위해서는 어떻게 해야 할까? 오늘 오는 그 한 사람의 고객을 감사한 마음으로 대해야 한다. 고객의 생활 반경 1km 안에 수십 개의 카페가 존재한다는 것을 잊지 말자. 그 수십 개의 카페 중 점심을 먹고 난 뒤 당신의 카페에 온 것이다. 손님이 문을 열고 들어온 자체가 기적이고 감사할 따름이다. 오픈 초기에는 모든 손님에게 친절하고 감사함을 가진다. 카페를 준비하며 손님이 온다는 것을 상상만 했지 실제로 맞이하는 그 느낌은 첫사랑과 첫 데이트를 하는 그 이상의 느낌이다.

그런 손님에게 무한한 감사의 마음을 전하라. 다른 프랜차이즈에 없는 서비스를 하면 모두 감동한다. 아메리카노 리필, 라떼 리필도 해보자. '라떼까지 리필을 해줘야 한다고?' 생각할 수 있다. 자주 오는 단골 고객이나 라떼를 특히 좋아하는 고객들 위주로 선택해서 해줘도 된다. 이런 서비스와 정성은 쉽게 따라 하지 못하는 전략이다. 그리고 요즘 이렇게까지 하는 카페는 흔치 않다.

그리고 오늘 온 손님이 다시 오지 않을 손님이라고 생각하는 마인드도 필요하다. 앞서 손님의 반경 1km 안에 수십 개의 카페가 있다고 이야기했다. 20개 정도라고 잡아도 내 카페를 방문한 확률은 20분의 1인 것이다. 매일 한 군데씩 가는 스타일을 가지고 있는 손님은 없을 테니 한 달에 한 번 오면 많이 오는 것이다. 이런 계산으로만 생각해도 내 앞에 주문하고 계신 고객은 앞으로 다시 오지 않을 손님인 것이다.

그렇다면 다시 오지 않을 손님이니 대충해도 되지 않을까? 절대 그렇지 않다. 내가 처음이자 마지막이라고 생각하고 최선을 다한다면 그 손님은 20개 중 유일하게 내 카페만 올 수도 있다. 20개의 카페 어디에서도 느껴보지 못한 서비스를 받았으면 말이다. 이 점을 노려야 한다. 이것이 감사한 마음과 함께 마지막 방문이라고 생각하고 손님을 대해야 하는 이유인 것이다.


카페가 너무나 많아졌다. 최상의 커피머신으로 멋지게 인테리어를 한다고 해서 안심할 수 없다. 더 좋은 기계는 몇 해만 지나도 또 등장한다. 인테리어는 옷의 트렌드가 바뀌듯 분기별로도 변할 수 있다. 이 말은 곧 외부적인 요소로 차별화하는 것은 한계가 있다는 것이다. 개인 카페로 치열한 카페 시장에서 살아남는 방법은 고객이 만족하는 카페가 되는 것이다. 단골과의 소통이 원활하고 탄탄한 단골이 머물 수 있는 요소를 갖춘 카페가 되는 것이다. 더 쉽게 말하면 사장을 좋아하는 손님들이 많으면 된다. 이것은 누구도 빼앗을 수 없는 차별화의 핵심이다.

카페를 창업할 때 프랜차이즈가 근거리에 있다고 고민하는 사람들이 있다. 5~6년 전만 해도 1,000개 점포가 넘는 브랜드가 생겨 놀라워했다. 그러나 이제 E브랜드는 3,000개가 넘고, M브랜드는 1,300개가 넘는다. 걱정되고 신경 쓰이는 게 당연하다. 그러나 반대로 생각해보면 커피의 수요가 점점 늘어난 것이라고 볼 수도 있다. 어느 시대나 마찬가지다. 성공한 사람들은 성공할 수밖에 없는 요소가 있어서 그렇게 된 것이다. 외부적 요인으로 그 사람의 성공이 결정된 게 아니다. 주위에 카페가 많다고 내 카페가 힘들고, 적다고 잘되는 건 말이 되지 않는다. 이런 생각은 패배자들의 핑계로 들릴 뿐이다.

'백 년 가게'라는 말이 있다. 백 년 동안 이어진 가게들이 생겨나면서 붙여진 이름이다. 백 년 가게로 이어질 수 있는 이유는 무엇일까? 이유야 많겠지만, 하나 분명한 사실은 백 년 동안 방문한 손님들이 있다는 것이다. 대를 이어 부모님 손을 잡고 갔던 가게가 계속 이어진 것이다.

카페도 백 년 가게가 되지 말라는 법이 있는가? 이 책을 읽고 있는 당신의 카페가 그렇게 될 수 있다. 지금의 상황이 어떻든 상관없다. 백 년을 이어갈 카페라고 마음먹고 멀리 보고 가자.

나는 카페를 오픈하고 초기 몇 년은 정말 힘들었다. 하루 매출이 2만 원도 채 되지 않을 때도 많았다. 커피머신을 청소하기가 애매할 만큼 손님이 적을 때도 많았다. 잠깐 밖에 있다가 들어왔는데 카페에 커피 냄새 하나 없었다. 그런 날이면 그라인더에서 커피를 마구 갈아내 부채질하며 냄새를 풍겨댔다. 이 가게를 10년 가까이 운영할 수 있다고, 잘할 수 있다고 장담한 사람은 단 한 명도 없었다. 나 스스로도 이렇게 오래 할 줄 몰랐다. 그런데 이렇게 성장했다. 물론 지금도 성장해야 할 길은 멀고 험해 보인다. 그래도 지금까지 성장한 것을 보면 스스로 기특하고, 부족한 커피로맨스를 방문해준 단골 손님들에게 감사하다.

지금도 늘 고민한다. 매출이 떨어지고, 잘 오시던 손님들의 발길이 뜸하면 초심을 바로잡는다.

'정말로 감사하고 있니? 그 손님의 마지막 방문이라고 생각하고 대접하고 있니?'

내 자세가 바로잡히지 않았을 때 문제가 발생하는 경우가 많다. 그래서 나의 스승들이 사업에서 가장 중요한 것은 '자세'라고 말한 것 같다는 생각이 든다.

# 04

# 카페도 장사다

　나의 네이버 카페 닉네임은 '커피 볶는 남자'다. 닉네임에서 보이듯 나는 카페를 상대로 한 커피 납품을 주력 사업으로 한다. 3년 전까지만 해도 나는 카페를 돌아다니면서 원두 납품 영업을 하지 않았다. 몇 번 해본 적은 있었지만, 갈 때마다 어떤 말을 해야 할지 주저하다 나오기를 반복했다. 때로 원두를 바꾸고 싶은 사장님들을 만날 때, 납품 상담을 할 수 있는 기회가 있었다. 천천히 할 말만 하면 될 텐데 지나치게 떨면서 이야기했던 기억이 있다. 그리고 결정적으로 처음 보는 사장님 가게에서 원두를 가는 커피 그라인더의 원두통을 쏟은 그 순간을 잊지 못한다. 한껏 긴장하며 시연을 끝내고 정리할 때 원두통의 구멍을 막지 않고 그냥 들어 올려버린 것이다. 그런 경험들을 몇 번 하고 나니 영업 하지 않을 핑계만 둘러댔다. '나의 커피 볶는 실력은 아직 부족해', '내가 가진 커피 볶는 기계는 저렴하고 용량이 작아서 납품에 적합하지 않아', '아직 영업적인 스킬이 부족하니 더 공부하고 나가야지' 등등 수만 가지 이유가 쌓였다.

돌아보면 나는 철저한 카페 장인의 마인드를 가지고 있었다. 또 다른 말로는 카페를 전문직으로만 본 것이다. 왜 카페를 전문직으로 보면 안될까? 절대 전문적인 기술이 없어야 한다는 것이 아니다. 전문성은 기본적으로 있어야 한다. 내가 하고 싶은 말은 장사 마인드가 있어야 카페를 운영하는 데 도움이 많이 된다는 것이다.

일전에 광교 교보문고에서 책을 구입하려고 주차장에 들어섰다. 주차를 하고 나가려던 차에 전화가 걸려왔다. 매장으로 원두 납품 상담차 연락이 왔다고 했다. 노트를 준비하고, 목소리를 가다듬고서 직원이 알려준 전화번호로 연락했다. 연락을 주신 분은 강남의 프랜차이즈를 운영하는 디저트 가게 사장님이셨다. 서로 오프라인으로 미팅 날짜를 잡았다. 사장님 매장의 원두 맛의 성향, 원두 납품처가 해줬으면 하는 기술지원 등을 상세하게 말씀하시는 꼼꼼한 분이셨기에 준비를 많이 해갔다. 매장에 도착해서 원두를 시음하기 시작했다. 그런데 매장의 음료 레시피가 조금 달랐다. 보통 아이스 아메리카노를 만들면 얼음물을 먼저 준비해둔 다음에, 그 위에 에스프레소를 넣는 방식을 취한다. 이유는 간단하다. 그렇게 배웠고, 그렇게 하는 것이 커피 맛을 최대한 유지할 수 있는 방법이다. 그러나 그 사장님은 반대로 했다. 얼음에 에스프레소를 먼저 넣었다. 그리고 섞어준 다음 얼음과 물을 가득 넣었다.

처음에는 실수라고 생각했다. 그러나 모든 커피 메뉴를 그렇게 담았다. 이유를 물어보니 배달로 나가는 음료가 대부분이라고 했다. 그래서 고객이 30분 뒤에 음료를 받을 때 얼음이 살아 있는 방법을 찾았고, 결국 메뉴 만드는 순서를 바꿔 얼음을 많이 넣는 방식을 찾았다고 했다.

그 사장님은 커피로맨스의 원두를 마음에 들어 하셨다. 원두 납품을 결정한 뒤 바로 그날 납품이 들어갔다. 꼼꼼한 사장님의 스타일에 맞춰 주의를 기울였다. 시간이 날 때마다 맛의 유지 상태를 파악했다. 납품이 안정화될 때 사장님이 커피로맨스를 결정한 이유를 말씀해주셨다. 대부분 원두 납품 상담을 할 때 팔려고만 들고, 자신의 스타일을 주장할 때가 많은데 나는 그렇지 않아서 좋았다고 했다. 그리고 결정적으로 에스프레소를 얼음에 붓고 얼음과 물을 넣는 스타일을 인정해줘서 마음을 굳혔다고 말씀하셨다. 이 '카페도 장사다' 챕터의 내용은 그 사장님을 만나고 이야기를 나누며 얻은 인사이트가 담겨 있다. 그분을 통해서 카페도 철저한 장사임을 배웠기 때문이다.

카페에서 장사 마인드는 무슨 도움이 될까? 먼저, 장사 마인드를 알아보기 전에 전문직의 마인드는 어떤 것인지 알아보자. 매출이 나오지 않는 상황에서 전문직 마인드는 자신의 맛, 기계의 성능, 자신의 상권, 자신의 실력을 체크할 것이다. 맛이 없음을 느끼거나 손님의 불만사항을 듣게 되면 자신의 맛을 높이기 위한 노력을 한다. 그에 더해 기계 성능의 부족함을 동시에 깨닫게 되면 새로운 기계를 열심히 보러 다닐 것이다. 돌아다니다 보면 식견이 넓혀진다. 자신의 상권과 실력이 턱없이 부족함을 느낀다. 모든 발전의 방향이 자신을 향한다.

반대로 장사 마인드는 어떨까? 장사 마인드를 가진 사람은 맛이 이상하다고 느끼면 소비자들이 선호하는 맛을 찾는다. 분명한 목표점이 주어진다. 가야 할 방향이 분명하니 대안도 찾기 쉽다. 고객들의 불만 사항을 찾아 적합한 자신의 맛을 찾으면 된다. 기계의 성능을 비롯한 부족한 부분은 효율적인 동선과 가성비 좋은 대안을 찾는다. 자신이 있는 상권을 분석한다. 고객들의 유형을 분석한다. 고객들에게 어떻게 홍보하고, 자신의 장점을 알릴지 고민한다. 자신의 장점을 부각시켜 메뉴를 개발하고, 고객들이 차별점을 느끼게 만든다.

나는 카페를 오픈하고 몇 해 동안 열등감에 사로잡혀 있었다. 인테리어가 멋진 것도 아니고 성능 좋은 커피머신도 아니었다. 그리고 아르바이트 경험도 없는 내가 카페를 차려서 더욱 그랬다. 정말 무모하기 짝이 없었다. 그래서 내 실력이 부족하다고만 생각했다. 커피머신을 다섯 번 정도 바꾼 것 같다. 커피 볶는 기계도 다섯 대 이상 내 손을 거쳐 갔다. 손해도 많고, 마음고생도 정말 많았다. 대부분 중고로 구매해야 했기 때문이다. 중고는 잘못 사게 되면 고장이 자주 나서 손이 정말 많이 갔다. 이런 과정을 거치면서 중고를 고르는 법도 알게 되고, 웬만한 고장에도 멘탈이 흔들리지 않고 수리 스케줄을 잡는다. 덕분에 납품받는 사장님들에게도 컨설팅을 해드릴 수 있다. 그러나 손해도 만만치 않았다. 계속 투자해야 했기 때문이다. 오로지 나의 전문직 마인드 때문이었다. 이런 시간을 거치면서 비로소 알았다. 전문직 마인드로는 절대 카페 매출을 극대화할 수 없다는 것을 말이다. 카페 매출은 고객이 만족해야 올라간다. 내가 커피를 맛있게 만들면 뭐하겠는가? 손님이 원하는 맛이 아니면 맛없는 커피인 것이다.

그럼에도 불구하고 전문직 마인드를 고집하는 이유는 뭘까? 세일즈, 장사에 대한 인식이 부정적이기 때문이 아닐까? 자신이 장사를 한다, 세일즈를 한다 생각하면 격이 낮아 보이는 것 같다.

"나는 수십, 수백 잔의 커피를 파는 대형 프랜차이즈와 달라."

"그들은 한 잔, 한 잔 신경 쓰지 못하잖아! 나는 적게 팔아도 괜찮으니까 최고의 커피를 만들 거야."

맞는 말이지만 틀린 말이기도 하다. 수십, 수백 잔을 만들어도 일정하게 서비스할 수 있다. 전 세계의 맛을 현지에 맞게, 자신의 스타일을 고수할 수 있다. 그것이 시스템의 힘이다. 그리고 장사 마인드의 절대 고수들이 하는 사업의 형태다.

자신이 생각하는 것이 전부가 아니다. 나는 원두 납품을 하면서 사업의 시야와 마인드가 많이 변했다. 매출이 큰 매장은 절대 커피의 고수들이 아니었기 때문이다. 그 사장님들은 손님이 좋아하는 부분을 철저하게 아는 장사의 고수들이 대부분이었다. 커피머신을 과감하게 바꾸기보다 손님들이 앉는 자리, 외부 테라스의 환경 조성, 위생과 청결에 돈을 아끼지 않으셨다.

카페도 장사다. MBC 드라마 〈상도〉의 대사가 20년이 지난 지금도 잊히지 않는다.

"장사는 이윤을 남기는 게 아니라, 사람을 남기는 것이다."

코로나 이후 원재료 값이 천정부지로 오르고 있다. 이윤이 적게 남는다. 이럴 때 원가를 절감하겠다고 양을 줄이고, 가격부터 올리기 시작하면 절대 안 된다. 사람을 잃을 수 있기 때문이다. 사람을 얻는 게 장사다. 당신의 카페에 오는 사람들의 마음을 얻는 데 초점을 맞추고, 철저하게 그들의 입장에서 생각하고 운영하라.

**05**

# 고객은 커피 맛만
# 보지 않는다

　나는 카페를 창업하고 3년간은 커피의 맛에 집중했다. 음식 장사는 무조건 맛이 제일 중요하다고 생각했기 때문이다. 특히 맛없는 커피는 절대 용서가 안 되는 성격이라 더욱 그랬다. 이 고집 하나로 뽑아낸 커피 맛을 알아본 고객들은 단골이 되었다. 그러나 균형이 깨진 것이 문제였다. 커피 맛에 기준을 두고 경영하다 보니 재정적으로 지출이 많았다.

　한번 생각해보자. 당신이 쓰고 있는 커피머신이 500만 원이고, 아메리카노 판매가격이 3,000원이라 가정해보자. 이런 상황에서 당신이 잘나가는 고급 카페를 연구차 방문했다고 하자. 그런데 커피 맛이 좋았다. 그래서 바로 그 매장과 똑같이 3,000만 원 정도의 고급 커피머신을 설치한다면 당신 카페로 손님들이 몰려올 것으로 생각하는가? 전국에서 당신 카페의 커피 맛을 보러 몰려올 것 같은가? 당연히 아니다. 기존에 쓰던 커피머신보다 무려 6배나 많이 투자했음에도 변화는 크지 않을 것이다. 게다가 아메리카노 가격이라도 500원 올릴 수 있으면 다행이다. 솔직하게 말해서 맛도 6배나 업그레이드되지 않는다. 직접 커피머신 회사에 가서 테스트해보면 알게 된다.

당신에게 와닿게 하려고 3,000만 원짜리 기계를 예로 들었다. 실제로 나는 500만 원짜리 커피머신을 1,500만 원짜리 커피머신으로 바꿔봤던 경험이 있어 알게 된 사실이다. 당시 이런 어리석은 생각을 하는 나에게 누군가 냉철하고 현실적인 조언을 줬다면 적어도 1,000만 원 이상의 돈과 2년의 세월은 아낄 수 있었을 것 같다.

카페 운영에는 균형이 중요하다. 기준은 사장마다 상권마다 다르다. 지금까지 무게를 두고 챙겼던 기준들을 잠시 내려놓자. 열린 마음을 갖고 딱 한 가지 포인트를 참고하길 바란다. 그 포인트는 바로 '인기가 곧 돈'이라는 사실이다. 코로나로 인한 누적된 경제 침체로 카페 운영은 날이 갈수록 어려워지고 있다. 최근 생두 가격도 2배 이상 올랐는데, 쉽게 떨어질 기미가 보이지 않는다. 그로 인해 중저가 커피 시장은 타격이 클 수밖에 없다. 그 결과 카페 사장님들과 고객의 지갑은 더 가벼워질 것이다. 그러나 이런 악조건 속에서 감사하게도 커피로맨스는 2배 이상의 성장이 있었다. 성장에 따라 시설 확충이 불가피했다. 보통 커피 볶는 기계는 수천만 원 하는 고가의 장비다. 국내의 대부분 업체가 미리 수입하지 않고 계약 때마다 주문 제작해 수입하는 게 일반적이다. 그래서 계약한 후 최소 3~6개월 뒤에나 설치하고 운영할 수 있다.

그런데 운이 좋게도 내가 선택한 회사가 카페 쇼에 전시하기 위해 제작해놓은 완제품이 있어서 계약과 동시에 설치할 수 있었다.

기계는 확충되었지만 공간이 너무 좁은 게 문제였다. 급하게 주위 공인중개업소를 수소문해서 공장으로 쓸 공간을 찾았지만, 적정한 공간이면 가격이 도저히 맞지 않았다. 결국, 좁은 공간에 넣기로 했다. 자리를 차지하고 있는 대부분의 집기와 가구를 버리면 가능했다. 대대적인 테트리스 작업이 시작되었다. 다행히 기계는 문제 없이 설치되었다. 그러나 생두를 놓을 자리가 없었다. 생두 가격이 오르고 있어 더 오르기 전에 많은 양을 구입해둔 상황이었다. 고민을 거듭하다 매장 테이블을 2~3개 치우고 생두를 가득 쌓아두기로 했다. 어쩔 수 없이 쌓아두긴 했는데 손님들에게 너무 미안했다. 생두가 자리를 차지하지 않아도 너무 작은 카페라 점심에 눈치를 보며 앉는 카페인데, 이제는 여기가 생두 창고인지 카페인지 구분이 안 되는 상황까지 오게 된 것이다.

어쩔 수 없이 그런 상태로 카페 운영을 할 수밖에 없었다. 그러나 대반전이 일어났다. 생두가 매장 벽면에 가득 쌓여 있는 것을 보고 손님들이 다른 곳에 원두 납품도 하냐고 물어보기 시작했다. 그때 또 깨달았다. 역시 사람들은 눈으로 봐야 믿는다.

커피로맨스는 오픈 때부터 납품하는 로스팅 카페였고 원두도 늘 진열해 판매하고 있었다. 하지만 손님들에게는 카페가 잘돼서 납품도 시작한 것으로 보였던 것 같다. 그동안 와닿지 않았던 것이다. 게다가 자신의 키를 훌쩍 넘는, 커피 볶는 기계가 눈앞에서 번쩍이고 있으니 더욱더 크게 와닿았을 것이다. 그저 작은 동네 카페가 아님을 확신한 듯

보였다. 테이블을 치우고 생두를 쌓아놨어도 매출은 떨어지지 않았고, 오히려 매출이 오르는 계기가 되었다. 어쩔 수 없는 선택이 준 결과지만, 또 소소한 성공담이 생긴 것이 너무나 감사하다.

커피 생두와 커피 볶는 기계를 통해 매장 손님들에게 나의 인기를 증명해 보였다. 그러면 내 매장에 직접 올 수 없고 나를 모르는 사람에게 어떻게 이 인기를 보여줄 것인가? 매장을 들고 다닐 수는 없지 않은가? 어떤 방법으로 나를 알릴 수 있을까 고민을 거듭했다. 그러다 유명한 인플루언서들이나 강연가들은 하나같이 책을 쓴다는 것을 알았다. '나도 책을 써보면 좋지 않을까?' 하는 생각이 스쳤다. 그러다 우연히 구독하고 있던 전자책 어플에서 책 쓰기와 관련된 책을 읽게 되었다. 그리고 단숨에 읽어내려갔다. 다 읽은 후 나는 바로 책을 쓰겠다고 결심했다.

그 책은 바로 《평범한 사람을 1개월 만에 작가로 만드는 책쓰기 특강》이라는 '한국책쓰기강사양성협회(한책협)' 김태광 대표님의 책이다. 그리고 책에 나온 '한책협'의 네이버 카페에 가입했고, 책 쓰기 특강을 바로 신청했다. 당시를 생각하면 지금도 소름이 돋는다. 책을 쓰는 순서도 방법도 모르던 내가 책 쓰기 특강을 신청하고, 책을 내려고 준비하고 있다는 것이 말이다.

책 쓰기 특강은 온라인으로 진행되었다. 쉬는 시간도 넉넉하지 않던 5시간의 특강이 순식간에 지나갔다. 특강 중에 끊임없이 강조했던 김 대표님의 메시지는 간결하고 충격적이었다. '한책협' 네이버 카페 대문에 쓰인, "성공해서 책을 쓰는 것이 아니라 책을 써야 성공한다"라는 문장만 봐도 단번에 알 수 있다.

나는 특강 후에 바로 수강생 모드로 전환되었다. 그리고 4주 만에 책의 제목과 내용에 대한 콘셉트 방향이 모두 잡혔다. 목차만 봐도 어느 베스트셀러 부럽지 않은 그럴 듯한 목차들이었다. 그리고 '한책협 책쓰기 교육 5주 과정'을 끝내기도 전에 나는 출판사와 계약하게 되었다. 나는 교육 과정 중에 출판 계약을 하는 것은 불가능하다고 생각했다. 남들은 되도 나는 안 될 것이라고 생각했다. 그러나 계약을 하고 원고를 써보면서 누구나 가능하다는 것을 느꼈다. 왜냐하면 너무나 당연한 성공법칙이었기 때문이다. 김태광 대표님은 수백 명의 평범한 사람들을 작가로 만들어낸 작가였고, 그 과정을 수백 번 반복하며 작가를 만들어냈다. 그러니 나도 그 길만 잘 따라가면 작가가 되고, 한 권의 책만 내는 게 아닌 여러 권의 책을 낼 수 있는 작가가 될 수 있는 것이다.

이와 같이 성공에는 법칙이 존재하는 것이다. 내가 가장 존경하는 저자 중 하나인 로버트 기요사키의 삶이 그렇다. 로버트는 그의 베스트셀러 책 《부자 아빠 가난한 아빠》를 자비출판했던 것으로 유명하다. 어떤 출판사도 그의 손을 잡아주지 않았기 때문이다. 그러나 그는 굴하지 않고 자비출판 후 스스로 마케팅을 하러 나섰다. 속도는 느렸지만, 그 책을 읽은 지인들에 의해서 입소문이 퍼져나갔다. 결국, 〈오프라 윈프리 쇼〉의 제작진에게까지 전달되어 방송 출연을 하게 되었고, 그때부터 책은 수백만 권이 팔려나가기 시작했다. 지금의 로버트 기요사키가 있게 된 계기였다.

로버트도 처음부터 수백만 권을 팔 수 있는 자격을 갖추고 책을 쓴

게 아니다. 이 사실을 분명히 알고 있으면서도 나는 책을 쓰려고 어떠한 노력도 하지 않았다. 그리고 방법도 찾지 않았다. 이 사실이 나를 너무나 부끄럽게 만들었다. 나는 왜 책을 써보려고 노력도 하지 않았을까? 생각해봤다. 김태광 대표님의 추천 책인 브렌든 버처드(Brendon Burchard)의《백만장자 메신저》에는 내 생각이 그대로 담겨 있었다.

"다시 한 번 강조하건대, 당신은 수백만 명의 사람들에게 메시지를 전달할 수 있고 그 대가로 수백만 달러를 벌 수 있다. (중략) 나도 한때는 이런 일이 가능한지 몰랐다. 의미 있는 메시지가 돈, 마케팅과 어우러질 수 있다는 말을 들을 때면 항상 회의적인 태도를 보였다."

브렌든의 말대로 나는 나 자신이 메신저로 살 수 없다고 규정하고 정의했다.

'나는 그저 작은 동네 카페 주인이고, 우리 가족의 생계만 책임져도 충분하지! 지금까지 카페를 운영해온 비결이 다른 사람들에게 도움이 된다고? 다 아는 이야기 아닐까? 나보다 더 유명한 사람이 많은데, 내가 무슨!'

그러나 그건 착각이고 패배자의 마인드다. 작가가 될 수 없는 사람의 마인드다. 나에게는 수많은 노하우가 이미 존재하고, 그것을 누군가 따라 한다면 최소한 나와 같은 성공은 정해진 것이다. 그런 메신저가 되기만 하면 되는 것이다.

# 06

# 단골이 넘치는
# 카페의 원칙

나는 카페가 살아남기 위해서는 주기적으로 찾아오는 손님이 많아야 한다고 생각한다. 즉, 단골이 많아야 한다. 그럼 단골을 많이 확보하기 위해서는 어떻게 해야 할까? 이런 질문은 모든 카페들이 공통적으로 하고 있지만 뾰족한 수를 찾지 못하는 것 같다. 나 또한 마찬가지여서 오랜 세월 낮은 매출로 고전했다. 하지만 원두 납품을 하면서 잘되는 사장님들을 많이 만나게 되었다. 그때마다 잘되는 사장님들만이 가진 이유를 곁에서 지켜보며 알게 되었다. 그 원칙들을 이제부터 함께 나누려고 한다.

## 단골이 넘치는 카페의 원칙 1. 손님의 입장에서 생각하기

50평 정도 되는 카페를 운영하는 A카페 사장님 이야기다. 오피스 상권에 위치해 있다는 장점이 있는 카페라 사람도 많고 매출도 높은 것은 당연했다. 그러나 납품 계약 상담 때 한 달 소비하는 원두와 매출을 시원하게 공개하셨는데 예상보다 5배 가까이 높았다. 예상도 하지 못했으니 어떻게 그런 매출을 낼 수 있을까 궁금해졌다. 내가 궁금해진 이유가 더 있었다. 사장님은 평생 카페 일은 전혀 해본 적이 없고, 한술 더 떠 한 주에 한 번도 커피를 마시지 않을 때도 많다는 것이다. 카페 장사를 하면서 직접 추출하는데도 맛 한 번 보지 않고 운영하는데, 매출은 동네 카페 10개 이상의 매출을 낸다는 게 믿기지 않았다. 그러나 사실이기에 납품을 하면서 나는 주기적으로 A카페를 연구했다. 그러나 한 달이 채 되지 않아 이유를 알 수 있었다.

사장님은 직장인들이 카페를 찾는 핵심적인 이유를 분명히 알고 계시고, 적용하셨다. 오피스 상권의 카페는 직장인들이 점심시간에 주로 이용한다. 그러면 직장인들 입장에서는 어떤 카페가 좋은 카페일까? 메뉴가 비교적 저렴하면 좋고, 황금 같은 점심시간을 빼앗기지 않게 빨리 음료가 나와야 한다. 그리고 흡연할 수 있는 쾌적한 테라스 또한 원한다.

A카페는 손님이 걸어오는 동선에 CCTV를 모두 달아놨고, 직원들이 볼 수 있도록 되어 있다. 그래서 10~20명이 쏟아져 들어와도 2~3분 안에 메뉴가 나온다. 경험적으로 어떤 메뉴를 주문할지 알기에 50~60%는 손님이 들어오기도 전에 준비하는 시스템이다.

이 카페의 외부 흡연 테라스는 매장의 두 배 이상인 100~130평 정도로 굉장히 넓다. 외부 주차장으로 쓰이는 공터를 임대인과 협의해 카페에서 사용하기로 허가를 받았다. 그리고 손님들이 쾌적함을 느낄 수 있도록 데크 시공을 해서 깔끔하게 꾸며놨다. 나무도 심고 칸막이도 중간에 설치해서 프라이버시를 보호하면서, 비바람이 들이치는 것까지 대비해놨다. 게다가 축구나 올림픽 등의 스포츠도 관람할 수 있는 대형 TV까지 2~3대 설치해 혹시나 있을 이벤트까지 대비하는 세심함을 볼 수 있다.

A카페는 그 상권에서 가장 늦게 입주했다. 2022년 기준으로 겨우 3년 차로 접어든 카페다. 그런 카페가 주위 카페 매출의 2~3배를 낼 수 있는 이유는 단 하나다. 손님들이 원하는 요소를 모두 갖추고 있기 때문에 손님이 갈 수밖에 없는 것이다. 아직도 그 사장님의 말이 잊히지 않는다.

"저는 손님이 무엇을 원하는지 다 알아요."


## 단골이 넘치는 카페의 원칙 2. 내 이름을 불러주는 카페

스타벅스가 다른 카페들과 크게 다른 점이 무엇일까? 아무리 바쁜 매장도 전 세계 어느 매장을 가도 나의 닉네임을 불러준다는 것이다. 이 철칙은 너무나 잘 알려진 사실이다. 그러나 누구도 따라 하지 못하는 스타벅스만의 고집이다. 이름을 불러주는 이 사소한 디테일의 차이가 일류가 되느냐 이류나 삼류가 되느냐의 차이를 만든다.

왜 이름을 불러주는 게 중요할까? 모든 사람은 자신의 인생에서 스스로가 주인공이기 때문이다. 간다 마사노리(神田 昌典)의 《스토리씽킹》에는 이런 이야기가 나온다. 그는 2007년 당시까지 해온 모든 마케팅 캠페인을 모아 분석했다. 무엇이 잘됐고, 어떤 것이 잘 안 됐는지를 분석해보니 잘 풀린 기획의 배경에는 반드시 이야기가 존재했다. 게다가 고객이 히어로가 되어가는 과정을 그리는지 아닌지가 매출과 직결된 중요한 요소였다고 한다. 여기서 스타벅스의 닉네임 전략과 같은 것을 볼 수 있다. 고객이 히어로가 되는 경험, 즉 수백 명의 사람 앞에서 나의 닉네임을 직접 불러주는 그 순간 나는 히어로, 대접받는 한 사람이 되는 것이다.

개인 카페는 이 전략을 반드시 모방해서 벤치마킹해야 한다. 그 사람의 이름을 불러줘야 한다. 개인정보가 중요해진 요즘은 예전같이 종이 쿠폰에 이름을 적는 일이 쉽지 않다. 그래도 이 방법을 취하도록 노력해야 한다. 이름을 불러주라는 조언을 사장님들에게 해줄 때면 생각나는 여 사장님이 있다.

M카페의 여 사장님은 첫 인상이 굉장히 강렬했다. 40대 주부로 자녀도 두 명이 있지만, 30대 싱글이라고 해도 믿을 만큼 철저한 자기관리가 되어 있었다. 피부면 피부, 머리도 금발 생머리였다. 이곳은 오피스 상권에 있는 카페였다. 그리고 아침 8시 전에 오픈하는데, 그때부터 손님들이 저녁 마감 때까지 끊이지 않고 들어온다.

여기는 원룸촌 사이에 위치해 있어서 모든 손님들은 차를 이용해 회사에서 나와 단체로 오는 게 특징이었는데, 어떻게 사람들은 그런 수고를 무릅쓰고 카페에 올까 정말 신기해서 원두 납품을 하고, 사장님과 대화를 나누며 관찰했다. 나는 30분도 안 되어 M사장님의 핵심 전략을 알게 되었다. 그리고 나였어도 이곳에 오겠다는 확신이 들었다. 이 카페에 들어오면 자신의 이름을 불러주는 매력적인 서비스가 있기 때문이다. 게다가 자신이 평소 먹는 음료와 레시피 스타일을 확인해서 말해준다. 예를 들면 이렇다.

"준기씨, 평소 먹던 대로 아메리카노 반 샷으로 해줄까요?"

그리고 그 사장님은 최근 그 손님의 직장이나 사업의 상태까지도 파악하고 한 번 더 언급하는 것도 잊지 않는다.

"준기씨, 지난 번 차 사고 난 거 잘 처리됐어요? 보험 처리 문제로 고민했었잖아. 잘 처리됐어요? 잘 안되고 힘들면 보험하는 사람 아는데, 소개시켜줄까?"

이런 식의 대화를 단골들과 나눈다. 언뜻 보면 정말 피곤하지 않을까 하는 생각이 들었다. 그래서 사장님에게 물어보기도 했다.

"사장님, 그렇게 모든 손님들 이름을 기억하고 말하는 거 힘들지 않으세요?"

"응 그렇죠. 쉽지 않죠. 그런데 매장 초기에 핵심적인 단골 200~300명을 기억하고 관리해야 빨리 안정이 되는 걸요."

여 사장님은 M카페가 3개월 만에 대박이 났다고 말했다. 그 3개월의 집중적인 단골 관리와 홍보가 절대 망할 수 없는 카페로 자리매김하게 된 시간이었다. 그리고 그 기간만 집중해서 노력했고, 성과가 바로 보였기에 사장님에게 오는 스트레스는 크지 않았다.

## 단골이 넘치는 카페의 원칙 3. 사장이 믿고 맡기는 사장 같은 직원

앞에서 예를 든 카페는 물론 개인 카페 3~4개를 합친 매출을 내는 카페들의 공통점 중 하나가 바로 이 원칙이었다. M카페 여 사장님을 만나기 전에 나는 다른 직원을 사장님으로 오해했다. 그분의 포스도 만만치 않았고, 전혀 카페에서 일할 만한 복장이 아니어서 더 그랬다. 그 직원은 긴 생머리에 옷을 잘 갖춰 입고 모든 손님의 이름을 직접 불러 주고 메뉴도 알고 있는 것이 여 사장님과 똑같았다. 그러나 파트타임 직원이었다. 그런데 카페에서 일한 지가 오래되어 사장이 없어도 메뉴의 재고 관리, 손님 응대, 커피 추출 등 어느 것 하나 모자란 게 없었다. 다른 카페들도 공통적으로 모두 사장님인 줄 알았던 사람들이 직원이었다는 사실을 뒤늦게 알았다. 그리고 그 카페의 손님들도 그 직원들을 사장인 줄 아는 사람이 많았다. 그만큼 사장처럼 듬직하게 카페를 맡아 일하는 사람들이 있는 곳이 바로 단골이 넘치는 카페였다.

카페는 무조건 사람과 사람이 함께해야 시너지가 나고, 매출의 속도가 붙는다. 그래서 나는 매출이 저조해도 파트타임을 써서 사람을 키워야 한다고 말한다. 그러나 매출이 적은데 사람을 어떻게 쓰냐는 말만 돌아올 때면 많이 안타깝다. 사람을 쓸 여유가 생길 때까지 사장 혼자 매출을 올리려면 굉장히 힘들 것이기 때문이다. 그리고 사람을 길러내는 것은 하루아침에 되지 않는다. 그리고 월급만 준다고 해서 직원이 마음에 쏙 들게 자라는 것도 아니다. 사람을 다루는 것도 배워야 하며, 길러야 하는 능력이다. 커피머신에 투자하는 것도 물론 중요하지만, 사람을 길러내는 데 신경을 써보자. 그러면 단골이 넘치는 카페가 될 것이라고 확신한다.

# 07

# 로마는 하루아침에
# 이루어지지 않았다

커피로맨스에는 직장인들이 유난히 많다. 겉보기에는 전혀 오피스 상권이 될 수 없는 위치다. 그런데 직장인들의 점심시간 산책 거리로는 제격이다. 그래서 점심시간에는 많은 직장인들이 매일 찾아온다. 직장인들은 다들 같은 마음인 것 같다. 유난히 사람이 많아 음료를 기다릴 때면 지나가는 말로 나에게 이런 말을 한다.

"저도 이런 카페 딱 하나만 있었으면 소원이 없겠네요."

나는 그냥 웃으면서 지금 다니는 고객님의 직장이 더 좋을 것이라고 웃으면서 답하곤 한다. 손님들도 부러울 정도의 카페가 되기까지 나는 정말 힘들게 살아왔다. 지금은 아침부터 꾸준하게 손님들이 오지만, 초기 3년까지는 수많은 날들을 손님 없이 보냈다. 누구도 알아주지 않았던 그 시절, 커피 맛 하나 보지 않고 자리와 공간의 협소함만을 보고 무시하던 사람들의 시선, 여기서 카페가 되냐며 몇 번씩이나 물어보며 나를 난처하게 했던 손님들…, 이 모든 것을 다 겪은 후에야 비로소 손님들이 꾸준히 오기 시작했고, 오랜 단골로 이어지게 되었다. 물론 이런 카페가 되기 위해서는 절대 버티기만 해서는 안 된다. "버티는 것도 재주다"라고 말하는 사람들이 있는데 그것은 재주가 아니다. 고집이 센 것이다.

나는 어떻게 커피로맨스를 지금의 단계까지 키울 수 있었을까? 나는 '몰입'이 그 답이라고 말하고 싶다. 몰입하려면 먼저 무엇이 있어야 할까? 몰입할 거리들이 있어야 한다. 카페를 차리는 순간부터 지금까지 수없이 많은 거리들이 내 앞에 존재했다. 예를 들면 6평의 공간이 너무 좁아 옆 칸을 임대로 얻어 확장하는 것, 라떼 맛집으로 거듭나고 싶어 수십 리터의 우유를 연습했던 시간들, 손님들이 커피 맛을 더 즐길 수 있도록 다양한 테이크아웃 컵과 유리잔의 구입 등등 세세한 요소들부터 큰 문제들까지 다양했다. 그때마다 나는 각 문제들을 머리에 꽉 채우고 해결점만 찾아다녔다. 그렇게 살기를 몇 년, 어느 날은 스스로에게 질문했던 적이 여러 번 있다.

'도대체 왜 나는 이렇게 힘들게 사는 거지? 문제가 생기면 머릿속에서 떠나질 않아.'

혹자는 잊어버리고 살면 되지 않느냐고, 그냥 부족한 대로 살면 되지 않느냐고 조언해줬다. 그러나 나는 그렇게 되지 않았다. 시간이 걸리더라도, 빚을 좀 지더라도, 해결해야 할 것은 해결해놔야 안심이 되었다.

그래서 카페 내부 공사만 열 번은 한 것 같다. 단순하게 테이블을 만드는 일부터 상가 확장 공사까지 인부들을 직접 섭외해서 공사했다. 장비에 대한 욕심도 많아서 자금에 대한 상담을 많이 받았다. 그래서 거래 은행인 농협, 기업은행의 대출 과장님들은 나와 커피로맨스를 너무나 잘 알고 계신다. 그에 더해 중고거래도 정말 많이 했다. 조금 더 아껴보자는 마음에서 시작한 중고거래였다. 그런데 생각보다 쉽지 않았는데, 특히 커피 장비들이면 더욱 까다롭다. 나는 바리스타일 뿐 엔지니어가 아니다. 그래서 초반에는 겉모습만 멀쩡하면 좋은 물건이라고 생각했다. 하지만 중고로 구매한 제품들은 아무리 멀쩡해도 꼭 손을 봐줘야 할 때가 생긴다. 그때는 정말 돈이 없어서 선택했지만 고장날 때마다 스트레스가 너무 컸다. 언제 터질지 모를 폭탄을 끌어안고 사는 것 같은 기분이었다. 지금은 되도록 새 제품을 구매한다.

간단하게만 나열한 나의 스토리가 이렇다. 지인들은 내가 커피 장비를 바꿀 예정이라고만 말해도 혀를 찬다. '또 시작이다'라는 표정이다. 이제는 익숙하다. 물론 그들이 걱정해주는 이유를 너무나도 잘 안다. 그렇지만 이렇게 까다로운 나였기 때문에 원두를 납품받는 다양한 사장님에게 컨설팅을 해줄 수 있는 게 아닐까 싶다.

지난날 내가 갈등하고 있는 문제에 '몰입'하지 않고 불편해도 그냥 참고 살았다면 어땠을까? 부족한 장비로 수준 높은 맛과 좋은 조합을 찾지 않았다면 어땠을까? 아니면 정반대로 모든 조건이 풍족하고, 최고 사양의 장비가 세팅되어 있어 언제나 맛도 최고였다면 어땠을까? 어떠한 상황이었어도 지금의 나는 절대 존재하지 않을 것이라고 확신한다. 공간이 부족했기에 늘 공간의 효율성을 생각했고, 수없이 많은 공사를 거쳤기 때문에 비용을 절감하면서 공사하는 요령이 무엇인지 터득하게 되었다. 경험이 부족해 1~2년에 한 번씩 장비를 바꿔가며 최적의 맛을 찾았다. 그렇게 얻은 노하우를 원두 납품 때 사장님들에게 전수하고 있다.

어떤 카페든 경영을 하다 보면 갈등이 반드시 생긴다. 직원과의 관계, 주위 상인들과의 갈등, 가족과의 갈등 등 피해 갈 수 없다. 포기하거나 이겨내거나 그 두 가지 방법밖에 없다. 그럴 때마다 포기하지 않고, 넘어지지 않고, 이겨내겠다고 마음먹은 사장님들이 살아남는 것이다. 그때마다 방법을 찾아 이겨내는 사장님들이 오래갈 수 있는 것이다. 그러니 갈등과 어려움이 무조건 나쁜 것만은 아닌 것 같다.


어려움 속에서 몰입을 통해 방법을 찾고, 이전의 상황보다 더 좋은 결과를 낸 예는 너무나 많다. 이탈리아의 디자인 업체 피닌파리나의 디자이너였던 오쿠야마 기요유키(奧山淸行)가 디자인한 페라리 55주년 자동차 '엔초 페라리'가 그 예다. 오쿠야마는 페라리의 위신을 건 이 자동차 디자인을 2년에 걸쳐 끊임없이 수정했다. 그러나 페라리 회장의 마음에 드는 것이 없었고, 마침내 프로젝트를 중단할 것을 선고받는다 절체절명의 위기였다. 그러나 회장이 헬리콥터에 탑승하기 직전 마지막 찬스인 15분간 혼신의 힘을 다해 디자인을 그려냈고, 그 디자인이 보기 좋게 'OK'를 받아냈다고 한다.

엔초 페라리의 사례를 통해 알 수 있는 것이 있다. 어려움에 부딪혔다고 끝이 아니라는 것이다. 내가 할 수 없다는 뜻도 아니다. 그저 지난 날 해오던 방식이 더 이상은 통하지 않는다는 것을 보여주는 것뿐이다. 늘 해오던 생각으로 해결되지 않는다는 신호일 뿐이다. 갈등과 어려움을 통해 당신은 오히려 새로운 관점을 갖게 된다. 자신이 갖고 있던, 세상의 기준에서 벗어나 새로운 기준과 방법, 노하우를 찾을 수 있는 인생의 기회가 될 수도 있다.

앞으로 우리는 한 번도 살아보지 못한 시대를 살게 될 것이다. 코로나를 겪은 2년의 시간을 돌아봐도 분명히 알 수 있다. 우리는 이전과 전혀 다른 삶을 살고 있다. 앞으로 더 다양한 시대를 살게 된다. 아이들은 전 세계인들과 캐릭터로 소통한다. 그리고 가상의 미술품이나 콘텐츠를 한정적으로 소유하는 시장 NFT가 등장했다. 코로나로 직장인들의 재택근무도 활발해져 자영업인들은 너도나도 배달을 하기 시작했다. 그리고 전에 없던 배달만 하는 카페나 음식점들이 우후죽순 생겨나고 있다. 눈에 보이는 지금의 현실도 헤쳐나가기 쉽지 않은데, 앞으로 더 많은 요소들이 우리 앞에 어려움과 갈등의 모양을 하고 찾아올 것이다. 그때마다 '옛날에는 안 그랬는데' 하며 회상만 하다가 도태될 것인가? 아니면 난관들을 하나하나 몰입하며 이겨낼 것인가? 선택은 당신의 자유다.


로마는 하루아침에 이루어지지 않았다. 삼천 년 동안 제국을 유지했던 로마는 지금까지 많은 사람들의 기억에 존재한다. 에스파냐, 이탈리아, 스위스, 독일, 오스트리아는 물론이고, 아르바이트니아, 이집트, 튀

르키예, 시리아, 이스라엘, 레바논 등 현재 유럽과 중동 지역 대부분의 땅을 정복한 나라다. 하지만 그 강대한 로마제국은 이탈리아 서쪽의 작은 마을에서 시작되었고, 그 시작이 너무나도 초라했다는 것을 아는가?

지금 당신이 처한 상황에서 절대 헤어나올 수 없다고 절망하고 있는가? 로마도 그런 순간들을 수없이 건너왔다는 것을 잊지 말자. 그리고 천리길도 한 걸음부터 시작한다는 사실을 인정하고, 절대 잊지 말자. 오늘 한 걸음 내딛으면서 방법을 찾아보자. 방법을 찾지 못하겠거든 청소라도 깨끗하게 해보자. 그리고 반드시 방법을 찾을 것이니 자신을 끝까지 믿어보자.

# 08

# 가르쳐야 진정으로
# 알게 된다

　사람들은 가르침에 두려움이 있다. 영어를 배우고 싶은 성인이 학원에 가면 무조건 기본반부터 들어야 한다고 생각하는 것과 별반 다르지 않다. 왜 그럴까? 자신의 수준이 기본도 안 되어 있다고 확신하기 때문에 기본부터 다시 더 배우려고 한다. 그러나 나는 그래서 영어를 못한다고 생각하는 사람이다. 우리는 초, 중, 고등학교를 지나 대학생 때 교양수업에 이르기까지 수많은 단어와 문법을 배워 이미 알고 있다. 기본은 충분히 숙지하고 있다. 자신이 부족하다는 프레임에서 벗어나야 진정으로 배울 수 있다고 생각한다. 카페도 마찬가지다. 하루빨리 남을 가르쳐야 카페가 성장한다.

　원두 납품을 하면 사장님들과 이야기를 자주 나눈다. 대부분 이야기의 주제는 정해져 있다. 매출 걱정, 직원과의 소통, 맛에 대한 걱정 등이 주를 이룬다. 그중 직원 채용에 대해 두려움을 갖고 있는 사장님들이 있다. 직원이 자신의 실력을 복제하지 못해 매출이 떨어질 것 같아 걱정하신다. 그래서 이런 사장님은 손님이 많아져도 늘 혼자 모든 것을 받아낸다. 더 많은 노동과 시간을 쏟아붓는다.

나도 별반 다르지 않았다. 카페를 열고 내 커피에 대해 나만큼 잘 아는 사람이 없었다. 물론 당연한 이야기다. 그래서 누구도 나의 실력과 커피 맛을 따라올 수 없다고 확신했다. 그래서 모든 손님의 커피를 내가 내렸다. 그렇게 5년 가까이 직원이 있어도 계산이나 청소 및 정리 정도만 했지 커피는 내가 도맡아 했다. 당시는 그게 정답이라고 생각했다. 오너셰프처럼 내 가게의 맛은 주인이 지켜야 한다고 생각했다. 그러나 이렇게 하다가는 가게 하나 운영하는 것으로 끝나겠다는 생각이 들었다. 하지만 방법이 도무지 나오지 않았다. 그러다 한 티비 프로그램이 생각을 전환하는 계기가 되었다.

김경일 교수가 나온 tvN의 〈어쩌다 어른〉이라는 프로그램에서 EBS의 프로그램인 〈학교란 무엇인가 - 0.1% 영재들의 비밀〉의 에피소드를 이야기했다. 영재들의 이야기라 나와 상관없을 것이라고 생각했지만, 우선 들어보자는 생각이 들었다. 김경일 교수가 말하길, 영재들은 하나같이 너무나 착하다는 것이다. 그래서 영재들은 전교 2등, 3등, 자신의 라이벌이 와도 잘 가르쳐주는 것은 물론, 전교 꼴지가 와도 그들이 알아듣게 설명하려고 애쓴다. '모든 걸 잘 아니까 그렇게 말해주는 거 아냐?' 하는 생각이 들었다. 그러나 김 교수의 다음 말에 나는 머리를 한 대 얻어맞은 느낌이 들었다. 영재들이 1시간 동안 가르치는 모습을 분석하면, 영재들은 그 시간 동안 무려 열두 번이나 모르는 부분이 있어 말문이 막혔다. 자기가 알고 있는 지식의 공백이 존재했던 것이다. 이런 설명을 들으며 나는 가르침의 중요성을 다시 한 번 깨달았다.

영재들도 처음부터 모든 것을 알아서 알려준 게 아니라, 지식을 나누면서 부족함을 계속 깨달아 보완한 것이다. 남들보다 많이 가르쳐왔기 때문에 지식의 밀도가 남달랐던 것이다. 책과 선생님들의 가르침으로만 배운 지식은 온전히 내 것이 아니며, 응용력도 떨어지기 때문에 처음 보는 문제들이 있는 실제 시험에서 경쟁력이 떨어지는 것이다. 가르치는 과정에서 영재들은 수도 없는 응용법을 생각해냈기에 생소한 문제에서도 경쟁력을 유지할 수 있었다. 카페도 마찬가지였다. 내가 실력이 뛰어나면 뛰어난 대로 인정하고 어떻게 직원에게 전수할지 고민하면 되는 문제였다. 가르치는 기술은 카페와 사업의 핵심이다. 가르침의 단계에 이르면 카페를 다른 각도에서 보게 된다.

나는 김승호 회장의 사장학 강의 3기 수강생이다. 당시 회장님의 말 중에 가장 기억에 남는 말이 있다. 프랜차이즈의 핵심에 대한 이야기로, 프랜차이즈가 수십, 수백 개의 매장을 만들어가는 과정에서 가장 핵심은 세 개 매장이라는 것이다. 첫 번째 매장은 내가 운영해서 성공하는 것, 두 번째 매장은 다른 장소에서 내가 성공하는 것, 마지막 세 번째 매장은 나의 성공 매뉴얼을 남에게 가르쳐 그가 성공하는 것이다. 이렇게 세 개의 매장이 성공했을 때 비로소 프랜차이즈가 시작된다는 말이었다.

나는 회장님의 말을 듣기 전까지 어떻게 수십, 수백 개의 매장을 컨설팅하고 확장할 수 있을지 의문이었다. 그래서 그런 프랜차이즈들은 넘사벽의 노하우와 뛰어난 인재들이 있을 것이라고 막연하게 생각했다. 그러나 본질만 빼고, 걷어내고 보니 단순한 원리였다. 핵심은 성공을 가르쳐서 잘 배우면 끝인 것이다.

진정으로 가르쳐야 배울 수 있다. 가르쳐야 비로소 보이는 것들이 있기 때문이다. 이런 말이 있다. 아이를 낳아봐야 진정으로 부모의 마음을 안다는 말이다. 부모의 입장이 되어봐야 나를 길러준 부모의 마음을 알게 된다. 세상의 이치는 다 통한다. 카페에서 하루빨리 누군가를 가르쳐봐야 나를 가르쳤던 스승의 마음을 안다. 나의 길을 먼저 간 선배들의 말이 이해된다. 그리고 겸손해지고, 남을 더 잘 섬기고 가르치게 된다.

가르치는 과정에서 내가 커피를 처음 배울 때 까불까불하며 수업에 임했던 기억이 떠오른다. 라떼아트 수업을 분명 다 들었음에도 실력이 거의 늘지 않았다. 수업 외에는 연습을 거의 하지 않았던 내 탓이 컸다. 그러나 선생님을 탓했던 내 모습이 떠올라 얼굴이 화끈거린다. 그럼에도 불구하고 선생님은 웃으며 나를 토닥여주셨다. 하다 보면 더 잘할 수 있다고 응원해주셨다.

가르치는 과정에서 수업을 통해 배울 수 없는 노하우들을 깨우치기도 한다. 나의 가르침의 모토는 '내가 10일 걸렸으면 나한테 배우는 사람은 하루 안에 배울 수 있게 가르치자'다. 이 모토도 수업 중에 떠오른 것으로, 무의식중에 튀어나왔다.

"나는 이것을 모르고 라떼아트를 해서 적어도 수백 리터의 우유를 버렸지만, 이 포인트만 할 줄 알면 하루에 1개씩, 일주일이면 라떼아트를 할 수 있습니다."

이렇게 수업 중에 말하다가 이거다 싶었던 것이다. 카페는 사람이 자주 바뀐다. 카페뿐만 아니라 모든 사업에서 사람은 계속 바뀐다. 그것은 어쩔 수 없다. 그것 때문에 할 수 없다고 말할 게 아니라는 것이다. 핵심은 얼마나 빨리, 내 카페의 핵심 기술을 전수할 수 있느냐다. 만약 일주일 만에 매장 운영의 핵심 기술을 전수받을 수 있다면 어떨까? 사람의 공백이 생겨도 채용 이후 정상 운영에 10일도 채 안 걸리는 것이다. 이런 기술이 있으면 카페 창업을 하고 싶은 사람에게 학원보다도 당신의 매뉴얼이 매력적으로 다가올 것이다. 그럼 카페 외에도 다른 사업의 가능성이 생길 수 있는 것이다. 이 모든 것은 당신이 가르치려고 노력한 결과에서 나온 것이다.

가르치는 입장에서 카페를 다시 바라보자. 우리는 일하는 게 행복한 사람이다. 그렇지만 평생 죽을 때까지 일하고 싶은 사람은 많지 않다. 나 또한 그렇다. 은퇴를 하고 싶다. 그것도 몸이 건강하고 새로운 출발을 해도 전혀 상관없을 때 하고 싶다. 그런 삶을 살기 위해서는 하루라도 빨리 가르쳐봐야 한다. 즉, 요즘 말로 바꿔 말하면 '생산자'의 입장에서 카페와 세상을 바라봐야한다. 이 세상은 생산자, 시스템을 만들어내는 사람들이 지배하는 세상이다.

전 세계 수만 개의 매장이 있는 맥도날드 매장을 보라. 수천만 명이 그 브랜드에서 일한다. 무엇으로 일할까? 그들의 가르침이 녹아져 있는 시스템에서 일하는 것이다. 이 글을 읽고 맥도날드로 가서 살펴보라. 어디에도 맥도날드 코리아의 대표 CEO는 없다. 오직 그들이 만든 시스템(가르침을 받은 직원)만 있을 뿐이다. 패티가 먹기 좋게 구워지는 시간, 몇 분 안에 감자튀김이 튀겨져 나와야 바삭한지 아는 직원들만 존재한다. 당신의 매장도 그렇게 되지 말라는 법이 있는가? 맥도날드의 이야기가 담겨 있는 〈파운더〉라는 영화에서 햄버거 가게의 시스템을 만들기 위해 매장을 닫고 인테리어를 하는 장면이 인상적이었다. 아무것도 없는 농구코트에 분필로 주방집기의 사이즈를 그려가며 직원들과 사장이 효율적인 동선을 상상하며 움직이는 것을 묘사한다. 그들에게 당장의 매출은 중요한 게 아니었다. 시스템이 더 효율적으로 만들어지면 더 많은 수익을 얻을 것이기 때문이다. 우리도 당장, 가르칠 대상을 선택해 노하우를 전수해보자. 가르쳐봐야 그때 당신의 카페는 진정으로 성장할 것이다.

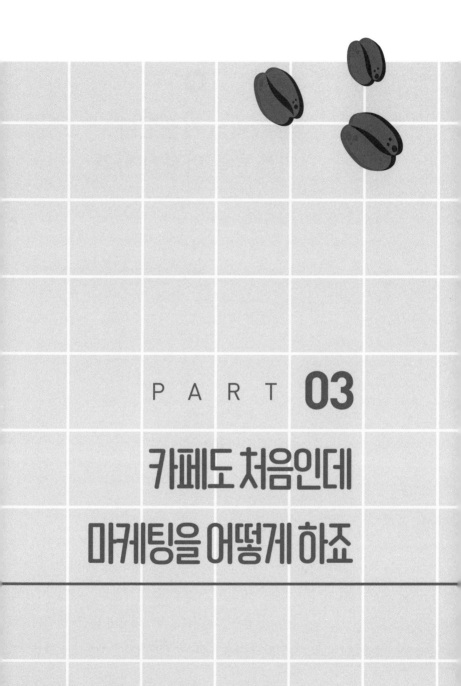

PART **03**

# 카페도 처음인데
# 마케팅을 어떻게 하죠

# 01

# 카페도 처음인데
# 마케팅을 어떻게 하죠

카페를 차리고 나니 너무 행복했다. 하지만 그 순간도 얼마 가지 않았다. 사람들이 오지 않았기 때문이다. 들어오는 손님들의 첫마디가 다 비슷했다.

"이런 곳에 카페가 있었어요?"

"카페 바로 앞 동에 사는데 오늘 처음 알았어요."

손님의 입장에서는 처음 내뱉는 말들이었겠지만, 듣는 입장에서는 오픈하는 순간부터 3년 넘게 수백, 수천 번을 들어온 말들이다. 당시에는 내 카페가 건물 뒤편에 있으니 당연한 말이라고 여겼다. 워낙 찾기 어렵다고 하고, 지도를 공유해서 찾아오라고 해도 잘 못 찾아오는 사람들이 많았다. 그래서 우리 카페는 위치가 좋지 못하니 매출이 낮은 것이라고 단정 지었다. 분석 한번 제대로 하지 않고 느낌으로만 확신했다. 바보같이 그냥 넘어갔다. 세월이 흘러 소문이 나면 모르는 사람이 없겠지 안일하게 생각했다. 게을러빠진 사장의 마인드였다.

지금 와서 돌이켜보면 예상되는 원인들이 있었다. 원인을 찾고 분석하고 개선했으면 아마 전혀 다른 카페가 되어 있을 거라고 생각된다. 그래도 어쩔 수 없다. 지나간 세월, 후회하는 부분도 있어야 앞으로 배움도 있고, 에피소드도 공유할 수 있겠지 생각한다. 앞으로 절대 똑같은 실수만 반복하지 않으면 된다.

나는 당시 무엇을 놓쳤을까? 왜 매출이 저조하고, 손님이 찾아오기 힘들다는데 그냥 넘겼을까? 매장에 부서진 부분이 있으면 열심히 수리했고, 손님들이 불편하다고 요청한 것은 적극적으로 없애고 개선해왔다. 그런데 유독 손님들이 찾아오지 않는 것은 왜 개선하지 않았을까? 지금 생각해보면 홍보, 즉 마케팅에 대한 무감각, 무지에서 나온 행동이 아닐까 생각한다. 그렇다면 마케팅이란 무엇인가? 더 쉽게 말해 홍보란 무엇인가? 본질은 간단하다. 내 가게를 모르는 고객에게 알리는 것이다. 좀더 실력이 좋은 마케터라면 내 상품이나 가게를 사고 싶게, 오고 싶게 만들어 오게 하고, 구매하게 만드는 것이다. 그럼 어떻게 내 카페로 오게 만들 수 있는가? 내 카페를 검색한 고객들이 어떻게 찾아올 수 있는지 볼 수 있어야 한다. 요즘 사람들은 아는 곳을 갈 때도 내비게이션을 켜놓고 간다. 검색이 습관화되어 있다. 당신의 카페가 모든 브랜드의 내비게이션과 지도앱에서 검색이 되는가? 지금 당장 검색해보자. 안 되어 있다면 당장 책을 덮고 어떻게 등록하는지 찾아본 후 등록부터 하자.

이것은 기본 중에 기본이다. 물론 신경 쓰지 않아도 업력이 오래되면 업체등록이 자동적으로 되긴 한다. 그러나 오픈하고 바로 사람들을 모아서 안정적인 매출을 올려야 하는 신규 매장에게는 그럴 시간이 없다. 손님을 기다리는 것도 보이지 않는 비용이라고 생각하자. 바로 등록하도록 하자.

등록하다 보면 보이는 게 있지 않은가? 블로그 리뷰, 영수증 리뷰다. 그 외에 자신의 업체에 등록해야 하는 사항들이 눈에 보이지 않는가? 그것이 바로 다음 스텝이다. 모든 것을 정성스럽게 등록하자. 이런 등록은 다시 말하지만 기본이다. 그러나 귀찮은 작업이다. 신경 쓰지 않으면 가장 놓치기 쉬운 사항이다. 이 책을 통해 이런 과정에 대해 처음 알게 된 사장님들도 있을 것이다. 그리고 귀찮음이 몰려오는 것을 느끼며 물을 것이다.

"이런 것 없이도 장사 잘되는 곳이 많아요."

그렇다. 그런 카페와 식당이 정말 많다. 그러나 당신의 카페가 그런 대박집이 될 수 있다는 보장은 어디에도 없다. 그냥 바로 하자. 귀찮음이 몰려오는 것은 당연하다. 충분히 이해된다. 카페를 오픈하고 매장을 운영하는 것도 쉽지 않다. 그리고 해본 적이 없으면 SNS 가입조차 쉽지 않다. 그래서 쉽게 포기하고 시도조차 하지 않는다. 오픈 초기에는 손님이 몰려오는 것 같다. 새로운 가게가 들어서면 손님들도 한 번은 가본다. 주위 사람들도 궁금해서 간다. 새로운 가게 사장님과 직원들은 바짝 긴장하고 있어서 에너지가 좋다. 그래서 마케팅을 소홀히 해도 장사가 잘될 수 있다. 그러다가 가게 매출이 정체하거나 내려가는 것 같을 때 덜컥 겁이 난다. 그제서야 홍보를 해야겠다고 생각한다. 그러다 매출의 2~3배는 어렵지 않게 올려줄 수 있다는 마케팅 대행업체에게 영업을 당해 몇 백만 원의 목돈을 갖다 바친다.

블로그 마케팅을 하면서 맛집 블로거를 병행할 때 일이다. 나는 블로그를 시작할 때 당연히 내 카페 홍보를 더 잘하고자 시작했다. 그런데 하다 보니 체험단 리뷰를 해보고 싶었다. 나도 식사권을 제공받아 정성스럽게 리뷰를 작성해드리고 싶었다. 그리고 다른 업종에 사장님들은 어떻게 운영하는지도 듣고, 보고 싶어서 맛집 리뷰를 한동안 열심히 다녔다.

특히 화성시 동탄2도시의 돈가스집이 아직도 생각난다. 돈가스를 메인으로 하는 음식점은 정말 오랜만이었다. 유난히 돈가스를 좋아하는 아내와 나는 기대를 하면서 들어갔다. 매장은 심플하고 청결했다. 셀프바가 있고, 직원들의 움직임이 활기차고 좋았다. 코로나의 영향으로 주위 상권 분위기는 좋지 않았다. 다른 밥집들은 빈 곳이 많은데 이곳은 사람들이 70% 정도 차 있었다. 이유를 찾아봤다. 독특한 메뉴가 있나? 친절한가? 값이 아주 저렴한가? 메뉴가 나오기 전까지 이유를 찾기 위해 주위를 유심히 둘러봤다. 특별한 느낌을 받지 못했다. 음식이 나왔다. 일반 돈가스와 치즈가 듬뿍 들어간 돈가스를 시켰다. 상당히 맛있었다. 코로나로 가격 인상이 된 후였지만, 나는 인상된 가격이어도 다시 가고 싶을 정도로 맛있었다. 그러나 요즘 맛있는 집이 얼마나 많은가! 맛만으로 이렇게 사람이 모이는 게 아닐 거라고 생각했다.

열심히 사진을 찍고, 느낀 점들을 적어놓고 밖으로 나갈 준비를 했다. 나오면서 사장님에게 감사 인사를 드렸다. 맛집 블로거로 불러주셔서 감사하다는 인사를 전하고 영수증을 받아들었다. 밖으로 나오면 영수증 리뷰를 하려고 돈가스집을 검색했다. 나는 누적된 리뷰의 개수에 깜짝 놀랐다. 몇 백 개가 훨씬 넘었다. 돈가스집 사장님은 60대셨는데 블로거에게 인색하지 않고 적극적으로 마케팅에 협조하셨던 게 인상적이었다. 나는 그 집이 왜 잘되는지 검색을 해보고 알게 되었다. 동탄에 사는 분들이 돈가스 맛집이라고 검색만 해도 3위 안에 그 집이 나올 것이라고 확신한다. 이런 집이 매출로는 절대 걱정하지 않고 승승장구할 것이라고 예상되는 순간이었다.

홍보가 어렵다고 하지 말자. 해보지 않아서 어색하고, 불편한 것뿐이다. 조금씩 익숙해지면 할 만하다. 누구나 처음은 다 힘들고, 재미없다. 무조건 고객이 한 명이라도 더 오게 만들어야 한다. 이 감각을 익히지 못하면 앞으로 당신이 하는 비즈니스는 확장에 한계가 있다.

마지막으로 내가 운영 중인 마케팅 파이프라인을 열거해보겠다. 나는 인스타그램을 운영한다. 그리고 블로그에서 원두 납품과 카페 운영 노하우에 대한 글을 쓰고 있다. 티스토리 블로그도 운영한다. 지금 당신이 읽고 있듯이 책도 집필해서 전국 서점과 도서관에 홍보할 예정이다. 책을 매개로 오프라인 강연도 한다. 온오프라인을 통해서 1:1 카페 운영 컨설팅을 한다. 그리고 오프라인 매장을 통해 카페 운영과 커피 수업을 하고 있다.

나는 이렇게 홍보 파이프라인을 다양하게 열어놓고 고객에게 나를 알리고 있다.

"나는 그렇게 못 해!"

"인스타그램에 사진 한 장 올리는 것도 힘들어!"

이렇게 말하는 사람들이 분명 있을 것이다. 당연하다. 반복해서 말하지만, 처음부터 잘하는 사람은 아무도 없다. 어느 누구도 처음부터 SNS 마케터로 태어난 사람은 없다. 그저 무조건 나를 알려서 살아남아야겠다는 간절함 하나로 마케팅을 배운 것뿐이다. 내가 그랬다. 알려서 손님이 오지 않으면 망하는 게 뻔했기 때문에 배워서 했다. 혼자서 하지 못하겠다면 방법이 있다. 마케팅 강의를 검색하면 유료 강의들이 쏟아진다. 마음에 드는 강의를 맛보기로 듣고, 결제해서 배워라. 돈도 없고 어디서 배워야 하는지 모르겠다면 유튜브로 가서 '블로그 잘하는 법', '마케팅하는 법', '가게 홍보하는 법' 등을 검색해서 똑같이 따라 해보자.

나는 초기에는 책을 몇 권 사서 읽었다. 무슨 이야기인지 몰라서 클래스101에 들어가서 유료 강의를 결제해 그대로 따라 했다. 그 외에 잘하는 사람들 블로그를 벤치마킹해서 올려봤다. 그 이후에 전문 마케터들과 함께 일하며 그들의 장점들을 흡수해나갔다. 이렇게 나는 2년 가까이 마케팅에 대해 알아가려고 노력했다. '마케팅을 2년이나 걸려서 배웠다고?' 혹은 '2년씩이나 배워야 해?'라고 생각할 수 있다. 포기부터 생각하지 말자. 당장 내가 할 수 있는 것을 선택하고, 그냥 해보자! 그게 최고다.

최근 고용한 직원에게 SNS 마케팅을 해본 적이 있는지 물었는데, 비공개 계정만 갖고 있다고 했다. 그 직원에게 매일 라떼아트 사진을 올리라고 했다. 이유는 단순하다. 지금 실력이 없어도 매일 한 장씩 올리며 실력이 좋아질 날이 올 것이다. 그것을 보고 누군가는 그 직원같이 되고 싶어 하지 않을까? 그런 경험이 쌓이면 그 직원은 라떼아트 강사가 될 수도 있을 것이다. 나는 그런 목표와 기대를 갖고 그 직원에게 그런 요구를 한 것이다. 나의 빅픽처라고 하겠다. 사진 한 장으로 맞이할 그의 미래가 근사하지 않은가? 그런 미래는 화려한 SNS 실력으로 이룰 수 있는 게 아니다. 그저 매일 사진 한 장을 올릴 수 있는 꾸준함, 그것뿐이라는 사실을 절대 잊지 말자.

앞으로 여러분이 마케팅을 배우고, 실천함에 있어 철칙이 있다. '절대 남과 비교하지 마라!' 잘하는 사람들은 이 세상에 넘치게 많다. 당신이 하는 마케팅은 애들 장난처럼 보이게 만들 사람들이 많아도 너무 많다. 명심하자. 우리는 그들과 경쟁해서 살아남기 위해 마케팅을 배우는 게 아니다. 맛있는 커피 한 잔 먹고 싶은 고객에게 한 발짝 더 다가가기 위해 배우는 것이다. 딱 그 한 발짝 정도의 수준이면 된다.

# 02

# 고객이 알아서 찾아오는
# 블로그 마케팅

나는 블로그 마케팅으로 성과를 내고 있다. 한 달에 몇 번씩 매장으로 전화가 오거나 블로그에 있는 나의 직통번호로 전화가 걸려온다. 어떻게 이런 성과를 얻을 수 있었을까? 처음부터 이런 결과는 상상도 하지 못했다. 그런데 방법을 찾고, '나도 될까? 그래, 해보자!' 하는 마음으로 실천했다. 무엇이든 쉽게 바로 시작하는 게 답이다. 손해 볼 게 없지 않은가? 나의 블로그의 첫 시작이 그랬다.

네트워크 마케팅을 시작했을 당시의 일이다. 나는 제품을 많이 팔고 싶었다. 지인 영업과 오프라인 개척 영업으로는 답이 나오지 않았다. 그래서 온라인 마케팅 공부를 시작했다. SNS를 통해 전국으로 팔 수 있을 거라는 막연한 기대감에서였다. SNS 관련 책을 구매해 읽어나갔다. 하나같이 같은 조언이 담겨 있었다.

"당신에게 맞는 SNS를 하나 선택해서 집중하라."

글을 읽고 생각해봤다. 나에게는 운영해봤던 경험이 있는 블로그가 맞겠다 싶었다. 그리고 배운 대로 적용해나갔다. 배운 대로 해보니 실제로 성과가 나왔다. 전남에서도 연락이 오고, 평택에서도 연락이 왔다. 블로그를 통해 고객이 만들어진 것이다. 그러나 성과가 오랫동안 지속되지는 않았다. 네트워크 마케팅 특성상 나만 갖고 있는 제품이 아니다보니 경쟁이 아주 치열했다. 나를 통해 구매해야 하는 결정적인 요소들을 갖춰놓지 않으면 쉽지 않은 경쟁이다. 결국 생각만큼 성과가 나지 않아 지쳤고, 블로그도 포기하게 되었다.

네트워크 마케팅과 카페 운영 둘 다 잘하기는 쉽지 않았다. 하나만 집중하기로 결단하고 카페 운영에 복귀했다. 그리고 블로그를 다시 전면 개정했다. 성과가 있었던 예전 경험을 살리고, 최신 트렌드를 적용했다. 여기서 끝나지 않고 유료 강의를 찾아 들었다. 무조건 배운 것을 그대로 실천에 옮겼다. 이번에는 전혀 다른 결과들이 나오기 시작했다. 블로그를 통해서 원두 납품 계약이 되는 것은 물론이고, 오프라인 영업에서 거절했던 사장님들이 나의 블로그로 들어와 글을 읽고 마음을 바꿔 계약이 되기도 했다. 나의 솔직하고 전문적인 글들을 보고 신뢰하게 되었다고 말씀하셨다.

어떻게 나는 블로그로 이전과 전혀 다른 성과를 낼 수 있었을까? 나는 이번 성과의 핵심을 한 단어로 표현한다면 '키워드'라고 말하고 싶다. 사람들은 검색창에서 무언가를 찾는다. 이쁜 블로그를 찾는 게 아니다. 자신이 원하는 상품의 검색어를 입력한 후 가장 상단에 노출되는 글을 클릭할 뿐이다.

블로그로 성과가 나지 않았던 시절, 나는 정반대로 블로그를 운영했다. 블로그를 꾸미는 데 시간과 정성을 많이 들였다. 대문의 모습, 나의 사진, 카테고리의 구성 등을 꾸미는 데 시간과 돈을 들였다. 블로그는 열심히 하는데 성과에 큰 영향을 주지 않는 행동만 하고 있었던 것이다. 물론 그런 요소들도 영향을 주기는 한다. 그러나 성과의 핵심은 아니라는 것이다.

자, 카페를 운영하고 있다고 하면 어떤 검색어가 도움이 될까? 동네에 주민들이 자주 검색하는 카페 관련 키워드에 내 카페가 노출되면 도움이 될 것이다. 카페 위치가 수원이니 '수원 카페', '수원 카페 추천' 등의 검색어는 기본적으로 떠오른다. 그리고 많은 검색이 이루어지는 키워드를 찾아 관련지어보자. 네이버 검색 광고, 리얼 키워드 등에서 검색량을 제공하므로 참고해서 글을 써나가면 도움이 된다.

나는 '원두 납품'과 '카페 원두' 등의 키워드를 넣어 글을 많이 쓴다. 그래서 전국에서 원두 납품을 원하는 사람이 검색하면 나의 글이 첫 번째 페이지에 노출된다. 광고비를 내지 않고서도 가능하다. 블로그를 오랜 기간 정성을 담아 운영하고, 전문적인 글을 써나가면 네이버의 알고리즘이 상위에 노출시켜준다. 블로그는 무조건 돈을 내야 상위에 링크된다는 분이 있다. 그분은 한 번도 운영해보지 않은 분이거나 돈으로 운영하는 사람이다.

내가 속한 업종의 좋은 키워드를 골랐다면, 나만의 솔직 담백한 이야기를 담아보자. 5~6년 전에 커피 볶는 기계를 주문제작한 적이 있다. 국내 스타트업 업체여서 가격이 경쟁사에 비해 절반이었다. 믿겨지지 않아 직접 공장에 찾아가서 시운전을 해보고 계약했다. 기다리고 기다리던 설치 당일이 되었다. 기계가 설치되고 시운전을 해봤다. 처음 시운전을 할 때 느끼지 못했던 엄청난 소음이 카페에 울리기 시작했다. 당시 나의 카페는 12평 작은 공간이었는데, 그곳에서 커피를 볶았다간 누구도 카페에 오지 않을 게 뻔했다. 납품을 받고 3시간 만에 나는 반품을 요청했다. 다행히 반품은 받아들여졌다. 소음 이외에도 계약할 때 선택한 옵션들이 전혀 반영되지 않았기 때문에 반품이 가능했다. 기계는 바로 다음 날 반품되었다. 이틀 동안 나는 2년은 족히 늙은 것 같았다. 그래서 세 개의 글로 나눠 당시 사건을 블로그에 올렸다. 나와 같은 피해자가 나오지 않기를 바랐기 때문이다. 그런데 네이버에서 명예훼손 등의 이유로 글이 임시 삭제되었다. 업체 측에서 내 글을 보고 삭제 요청을 한 것이다. 이런 일이 처음이라 당황스럽고 화가 났다. 너무 솔직한 글이어서 그럴 수도 있겠다 싶었다. 네이버의 심사가 끝나고, 업체명은 가리고 표현을 순화해 나의 에피소드만 진심으로 전해지도록 바꿨다. 그날 이후로 나는 블로그에 진심을 담아 쓴 글은 큰 무기가 된다는 것을 깨달았다. 행복한 경험으로 얻은 깨달음은 아니지만 나의 글을 보고 누군가는 두려움도 진심도 느낄 수 있다는 것을 알았다.

이야기를 다시 돌려, 어떻게 하면 여러분도 블로그로 성과를 낼 수 있을까? 블로그를 잘 운영해 성과를 내려면 일단 매일 글을 써보는 것이 답이다. 단, 검색이 되도록 글을 쓰는 게 핵심이다. 어떻게 그런 글을 쓸 수 있을까? 모르겠다면 바로 인터넷 서점, 혹은 오프라인 서점을 찾아가 '블로그'라는 키워드를 검색하고 관련 책을 구입하라. 다 나와 있다. 글을 읽는 게 어려우면 당장 네이버와 유튜브에 검색하는 것도 좋다. '블로그 잘하는 법', '블로그로 홍보하는 법', '블로그로 매출 올리는 법' 등을 검색해서 나오는 대로 찾아보고, 거기에서 가르쳐주는 대로 모두 따라 하라. 좀더 양질의 콘텐츠를 찾고 싶은가? 그럼 각종 유료 인터넷 강의를 찾아서 결제해서 보라. 그러면 조금 더 고급 정보들이 핵심적으로 축약되어 있다.

이 방법이 전부다. 나는 어떻게 지금의 단계에 이르렀을까? 누구도 이런 내용들을 알려주지 않았다. 나는 단지 블로그로 성과를 내야 했고, 무조건 매출을 올리고, 원두 납품 계약을 해내야 했다. 너무 간절해서 찾아다니다 보니 알게 된 것이다. 그러다가 이렇게 책까지 내게 된 것이다. 그러니 이 책을 구매한 독자들에게는 방향을 제대로 알려주고 싶다.

배울 때는 가르침 그대로 따라 하라. 그리고 하라고 한 양보다 더 많이 하라. 처음 하는 사람일수록, 낯선 사람일수록 초기에 양을 늘려 익숙해져야 한다. 많은 양을 소화하다 보면 가르침들이 이해된다. 그리고 나만의 스타일을 만들어낼 수 있다.

"처음부터 이렇게 알려주지 왜 돌려서 가르쳐준 거지?"

"카페를 운영하는 사람들은 이 방향이 더 잘 맞겠는데?"

여러 생각이 분명히 들것이다. 그럼 된 것이다. 앞으로 그것이 당신이 또 다른 매출을 창출하게 만드는 방향이 될 것이다. 내가 그랬다. 나는 실제로 성과를 냈던 블로그를 통한 마케팅 노하우를 강의하고 있다. 사장님들에게 줌(Zoom) 온라인 또는 오프라인에서 1 : 1 유료 강의를 해주고 있다. 사장님들은 직접 배운 노하우를 적용해보면서 많은 돈을 내고 마케팅 대행사를 이용하지 않고도 만족할 만한 성과를 내고 있다. 마케팅을 이해하는 수준에 따라 성과는 다르지만 핵심을 깨닫고 행동에 옮긴 사장님들은 모두 크고 작은 성과를 내고 있다.

마지막으로 고객이 알아서 찾아오게 만들어야 하는 가장 큰 이유는 무엇일까? 앞으로 우리가 살아갈 시대는 마케팅을 모르면 살아남을 수 없는 세상이기 때문에 그렇다. 이제는 더 이상 좋은 상권에서 카페를 해야만 살아남는 시대가 아니다. 골목 구석진 자리에 있더라도 SNS에서 인기를 얻으면 고객은 알아서 찾아온다. 나의 시간과 돈을 아끼면서 시장에서 살아남을 수 있는 방법은 SNS뿐이다.

앞서 SNS 중에 하나를 골라 집중하라고 말했다. 그 이유를 궁금해하는 분들이 있을까 해서 덧붙인다. 내가 블로그에 집중하고 성과를 내기까지 집중한 이유는 단 한 가지다. SNS의 큰 맥락은 비슷하기 때문이다. 내가 블로그를 키울 때 주위 사람들이 지겹도록 나에게 이야기했다.

"지금은 인스타그램이 답이다. 이쁜 사진 보고 카페 오지, 블로그 보고 안 온다."

또 어떤 날은 이런 말을 한다.

"앞으로 영상의 시대니 틱톡과 유튜브를 배워야지, 블로그가 웬말이니?"

맞는 말들이다. 틀린 말 하나도 없다. 그러나 분명한 한 가지가 있다. 내가 잘하는 분야가 다 다르고 성과를 내기까지 끌고 가지 않으면 SNS 감각을 익히지 못한다. 하나에 집중해서 성과를 내기까지 물고 늘어져야 한다. 그렇게 하는 습관이 들어야 다른 것도 잘하게 된다.

# 03

# 커피 향 묻고
# 사람 냄새 떠블로 가

나는 초등학교 저학년부터의 기억이 남아 있다. 누군가는 어린이집 다녔을 때부터 기억이 난다고 한다. 정말 대단한 기억력이다. 나의 기억은 초등학교 시절부터다. 그때부터 어머니는 넉넉하지 않은 가정 경제에 도움이 되기 위해 슈퍼마켓을 운영하셨다. 당시 SK그룹의 전신인 선경그룹 정문 앞에 가게가 위치해 있었다. 직장인들이 자주 이용했는데, 아침에는 음료와 담배 손님들이 많았다. 그리고 저녁에는 간단한 오징어, 땅콩과 술을 드시는 분들이 있었다. 음식 실력이 좋으셨던 어머니는 김밥부터 못하는 음식이 없었다. 그때부터 어머니는 김밥과 음식으로 돈을 벌 생각을 하셨던 것 같다. 이후 어머니는 분식집을 거쳐 200평 넘는 식당으로 키워 운영하시고 은퇴하셨다.

그래서 나는 어렸을 적부터 가게에서 음식을 먹었다. 그리고 식당 주인의 삶이 얼마나 고달픈지도 일찍이 알았다. 그래서 나는 음식점만은 하고 싶지 않았다. 그러나 어머니의 넉넉한 큰 손을 닮아 누군가를 먹이는 장사는 하고 싶은 마음이 있었다. 그래서 나는 커피를 놓지 못한다.

음식점을 하고 싶지 않았던 이유 중 하나는 냄새가 싫어서였다. 3년 이상 운영하고 있는 분식집 어디를 가도 기름 냄새와 음식 냄새가 몸에 남는다. 그 냄새는 포장을 기다리는 짧은 시간에도 옷에 흔적을 남긴다. 이 냄새는 청소나 환기를 하지 않아서 나는 냄새가 아니라 식당에서는 반드시 나는 냄새다. 나는 그 냄새를 평생 맡아왔는데도 익숙하지 않고 싶다.

그런데 카페는 청결 상태만 유지하면 냄새가 나지 않는다. 그게 너무 좋았다. 아침에 신선한 원두를 뜯는 순간부터 행복함이 밀려든다. 향기를 가득 머금고 있는 원두를 기계에 쏟아낼 때 지나가는 사람들도 커피 향에 절로 이쪽으로 고개를 돌린다. 그 순간이 나는 정말 행복하고, 평생 이렇게 아침마다 내 커피를 마실 수 있으면 여한이 없겠다 싶다.


커피 인생을 살아오면서 커피 냄새만큼 중요한 게 사람 냄새였다. 앞서 나는 믹스 커피밖에 모르는 인생을 살았다고 말했다. 그런 내가 지금 어떻게 카페를 운영하고 원두까지 납품하게 되었을까? 인생의 갈림길에서 고민할 때마다 선택에 영향을 준 사람들이 있었다. ㈜지오이즈의 남 대표가 그중 한 명이다.

남 대표는 대학 선배다. 다른 과 선배인데, 교양수업에서 만났다. 수백 명이 듣는 인기 교양과목에서 만났다. 과목 특성상 조를 나눠 수업이 진행됐다. 같은 조에서 가장 나이 많은 학생이 남 대표였고 그다음이 나였다. 가장 나이 많은 둘이 친해질 수밖에 없었다. 그리고 누가 봐도 남 대표는 학생 느낌보다는 스타트업을 운영하는 사람 같았다.

조별로 묶이면 서로를 알아가는 아이스브레이크 시간을 갖기 마련이다. 당시 나는 복학하기 전에 이미 커피를 배웠고, 카페를 열고 싶다고 말했다. 그 이야기를 듣고 남 대표는 자신도 카페 운영 경험을 이야기했다. 그리고 자신이 지금 운영하는 프로그램개발 회사를 창업할 때 대학에서 산학협력단 지원비를 받아 시작했다고 말했다. 그렇게 나는 학교지원사업을 알게 된 후 대학을 다니면서 커피 사업을 시작했다. 당시에는 더치커피 추출 기구를 만드는 연구사업을 진행했는데, 나는 시제품을 만들고 커피 맛에 영향을 주는 이론에 대해 지원비를 받아 공부했다. 당시의 경험이 아무런 경험 없는 사장이 이렇게 살아남을 수 있었던 결정적인 요소가 되었다.

남 선배를 통해서 그렇게 내 커피 인생이 시작되었다면, 이후 또 다른 사람 냄새는 우연히 찾아왔다. 납품을 하기 위해서는 1kg 용량의 커피 로스터기로는 한계가 있었다. 로스터기를 구입하기로 결심하고, 수입 제품이면서 새 기계를 알아봤다. 그런데 할부로 한다고 해도 부담되는 금액이었다. 지금은 쓸 만한 국내산 대용량 로스터기가 많이 있지만, 당시에는 쓸 만한 로스터기는 모두 수입산이었다. 그러다 우연히 국내 신생기업의 로스터기를 알게 되었다. 가격은 수입산의 중고 가격보다도 저렴한데, 새 제품이었다. 믿겨지지 않을 만큼 좋은 가격이었다. 당장 공장으로 가서 시운전을 해봤다. 아쉬운 점은 없지 않았다. 하지만 일단 이 제품으로 매출을 키우고, 좋은 것으로 바꾸자는 마음이었다. 계약을 하고 납품이 될 날만 기다렸다. 그렇게 납품 당일이 되었다. 너무나 흥분되었던 그날을 잊을 수 없다. 앞서 이 에피소드를 이야기했지만, 납품이 되고 시운전을 하고 난 뒤 나는 세 시간도 안 되어 반품을 결정했다. 생각하지 못한 소음과 계약 내용과 다른 사항들이 있었기 때문이다. 앞이 캄캄했다. 그나마 반품은 받아들여져서 다행이지만, 기존에 있었던 로스터기를 판매한 상태였기 때문에 당장 다음 주부터 생산에 차질이 생겨버렸다.

방법이 없었다. 금요일 저녁에 납품받은 상황에서 다음 날인 토요일에는 어떤 로스터기 수입사도 연 곳이 없었고, 내가 찾아볼 곳은 중고나라뿐이었다. 혹시 판매되고 있는 기계가 있는지 샅샅이 뒤졌다. 그중에 몇 개월 전에 올라온 독일 '프로밧(PROBAT)' 로스터기가 눈에 들어왔고 바로 전화를 했다. 사실 업로드된 날짜가 오래전이었고 판매완료된 글이었는데, 이상하게도 일단 전화를 걸어보자는 생각이 들었던 것이다.

구매 의사를 밝히고 제품이 팔렸는지 바로 물어봤다. 믿을 수 없었다. 제품이 있다는 것이다. 제품이 팔리지 않았음에도 게시글이 판매완료 처리된 이유를 여쭤봤다. 자신도 이런 일은 처음이라고 말했다. 구매자의 설치 장소가 너무나 협소해서 거래가 성사되지 않았다는 것이다. 그렇게 새 제품을 반품한 다음 날 중고거래로 로스터기를 구입했다. 그것도 로스터기의 벤츠로 불리는 '프로밧' 제품으로 말이다.

중고거래에서 만난 그 사장님을 통해 나는 공장형 로스터의 삶을 배울 수 있었다. 사장님은 지하 창고에서부터 원두 납품을 시작해 공장형으로 키워낸 분이었다. 커피를 볶기 전에 프랜차이즈에서 일한 경력이 있어서 커피산업에 대한 이해도 높은 분이었다. 커피산업계의 인맥도 넓은 분이어서 배울 점이 많았다. 로스터기를 양도해주신 후에도 그분은 커피 볶는 방법과 커피 레시피 등을 무료로 전수해주셨다. 그리고 대량 납품을 위한 포장기계들도 소개해주셨다. 대량 납품을 위한 일종의 로드맵을 보여주신 것이다. 지금 돌이켜 생각해보면 그때 그분을 만나지 않았더라면 나는 최소 3년 정도의 시간과 몇 천만 원의 돈을 낭비했을 것 같다.

'인간만사 새옹지마(人間萬事 塞翁之馬)'란 말을 자주 쓴다. '인간 세상에서 일어나는 모든 일이 새옹지마, 즉 길흉화복은 항상 바뀌어 미리 헤아릴 수 없으니 눈앞에 벌어지는 결과만을 가지고 너무 연연하지 말라'는 뜻이다. 남 대표를 만나 커피 인생을 본격적으로 시작할 당시 나는 큰 실패감을 맛본 뒤였다. 대학을 다니며 편입 준비를 했지만 모두 떨어졌다. 당시 모든 실패 끝에 하고 싶었던 음악을 하자는 마음이 들었다. 그래서 우연히 알게된 실용음악 선생님을 통해 음악전문대학에 편입했지만 그마저도 실력의 차이를 극복하지 못해 자퇴했다. 보통 한 번의 자퇴도 경험하기 쉽지 않은데, 나는 두 번의 자퇴를 경험하고 다시 처음 입학했던 학교로 돌아왔다. 남 선배를 만날 시기에 나는 멘탈이 붕괴된 상태였다. 내 인생이 바닥을 칠 때 선배를 만난 것이다. 새 로스터기를 구입했을 때도 그랬다. 이틀 동안 2년은 늙었다고 표현했을 정도로 로스터기를 구입하고 세 시간 만에 반품했던 그때 나는 스트레스가 극에 달했다. 그러나 앞서 고사성어 그대로 되었다. 그때의 경험이 아니었으면 나는 절대 지금처럼 확장하지 못했다. 그래서 인생에 있어 '화(禍)'라고 느껴지는 경험을 할 때면 지난날을 떠올린다. 그리고 스스로 되뇌인다.

"또, 얼마나 좋은 인연을 만나려고 그러지?"

"이렇게 장사가 안 될 때면 좋은 방법을 찾았는데, 이번에는 뭘까?"

메리츠자산운용의 존 리 대표이사는 부자들은 늘 긍정적인 마인드를 갖고 산다고 말한다. 가난한 사람들은 자신이 절대 부자가 될 수 없음을 단정 짓고 살아가는 부정적 마인드의 소유자라고 말한다. 정말 그렇다. 카페를 실패하는 가장 큰 이유는 더 이상 좋아지지 않을 거라는 확신에서 나온다는 것을 깨달았다. 인생이 새옹지마인 것을 모르고 오직 '화'만이 머물 것이라는 확신에서 그만두는 것이다.

행복한 커피 냄새에 취해 카페를 시작하고 싶거나 카페를 운영 중인 여러분 모두가 커피 냄새와 사람 냄새를 마음껏 맡으며 인생에서 몰려올 어려움을 모두 극복할 수 있기를 진심으로 바란다.

# 04

# 티 안 내면
# 아무도 모른다

한국 사람들은 자신의 장점을 드러내는 것을 싫어한다. 자신의 입으로 장점과 잘한 일을 이야기하는 것을 좋아하지 않는다. 알아주길 바라고, 은근하게 알리는 것을 좋아한다. 사회생활과 공동체를 강조했던 문화적 배경 때문인 것 같다. 나보다 내가 속한 단체가 잘되는 것이 우선이었던 사회였기에 자연스럽게 몸에 밴 처세인 것 같다. 그래서 한국이 이런 성장을 단기간에 이뤄낸 것이 아닐까도 생각한다. 공동의 이익을 위해서 자신을 희생하지 않고 오직 자신의 이익만 추구했다면 지금의 한국은 존재하지 않았을 것이다. 그런 면에서 한국인의 겸손은 좋은 역할을 해온 것이다. 그러나 이런 자세는 카페를 운영할 때는 철저하게 없어져야 할 요소라고 하겠다.

커피로맨스 초창기의 일이다. 나는 커피 로스터기 용량을 1kg부터 시작했다. 카페를 오픈하기 전에는 지인들에게 주문을 받은 만큼만 원두를 볶았다. 그리고 내가 핸드드립을 할 때 옆에 있는 분들에게 나눠주는 정도로 시작했다. 그래서 1kg의 용량이어도 충분했다. 오히려 너무 용량이 넉넉해서 남을 때가 많아 걱정이었다. 1kg 생두를 볶으면 수분이 빠져나가고 800g 정도 남는다. 그러면 한 주 내내 연습하고 손님에게 내려주고 원두를 팔면 딱이다. 그러나 카페를 차려보니 800g은 테스팅을 위해 몇 번 먹으면 끝나는 양이었다. 한 번도 카페 실무경험 없이 학원에서 배운 후 연습만 하고 카페를 차리니 이런 일이 벌어진 것이다.

사정이 이렇다 보니 거의 매일 커피를 볶기 시작했다. 커피 로스터기를 커피머신 옆에 뒀는데, 1kg 용량은 생각보다 많지 않기 때문에 괜찮다고 생각했다. 그리고 연기가 빠져나가는 것까지 생각해서 창가 쪽으로 뺀 것이다. 너무 좋은 생각이었다. 손님에게도 잘 보이고 연기도 잘 나가고, 일석이조라고 생각했다. 그러나 매일 커피를 볶는 현실 상황에 맞지 않는 구조였다는 것을 설치하고서야 알게 되었다.

커피를 추출하려고 커피머신에 서 있으면 커피 볶는 사람이 구석으로 자리를 비켜줘야 수월하게 일할 수 있는 동선이 되었다. 두 명이 동시에 볶고, 커피를 추출해도 매출이 턱없이 부족한 마당에 말이다. 그래서 매일 커피를 볶으면서 자리를 옮겨야겠다고 다짐했다. 그러나 6평 작은 카페에 공간을 아무리 궁리하고 옮겨봐도 자리가 나오지 않았다. 그런 중에 감사하게도 옆 칸 상가에 공간이 생겼다. 바로 계약을 하고 나서 확장공사를 시작했다. 로스터기는 안쪽으로 옮겼다. 바리스타의 공간과 커피 볶는 사람의 동선이 섞이지 않게 떨어진 곳에 설치했다. 수납공간도 확보할 수 있었고, 동선도 겹치지 않았다. 손님이 몰려와도 바리스타도 바쁘지 않았고, 커피 볶는 데도 문제가 없었다. 업무 공간이 너무나 쾌적해졌다. 그러나 모든 것이 좋아진 것은 아니었다.

사람들의 인식에 변화가 생겼다. 커피 볶는 기계가 전면에 있었던 초기에는 동선이 겹쳐 운영하기는 힘들었지만 커피 볶는 매장이라는 것을 아는 손님이 제법 있었다. 그러나 자리를 옮기고 나니 전혀 모르는 손님들도 있고, 매장 안에 먹으러 들어오는 손님 몇 분만 알아채곤 했다. 기계 위치를 옮기고 나니 이런 사실을 깨달은 것이다. 당시 확장공사를 하기 전 1년 정도 운영을 했다. 1년 가까이 커피 볶는 가게임을 충분히 알렸으니 동선 개선을 위해 안쪽으로 옮겨놔도 정체성은 이어갈 수 있겠다고 생각했다. 그러나 손님들은 보이지 않으니 알아채지 못했다.

나는 주인이니 당연히 커피 볶는 카페임을 안다. 그러나 손님들은 나와 생각이 달라도 너무 달랐다. 당시 나는 큰 깨달음을 얻었다. 손님들은 보이지 않으면 절대 모른다는 것이다. 내가 기를 쓰고 티를 팍팍 내도 20~30% 정도 고객만 알아차린다. 대부분 손님들은 모른다. 자신이 보고 싶은 것만 보기 때문이다. 그래서 티를 내지 않으면 그냥 일반 카페와 크게 다를 바 없이 기억 속에서 사라져버린다. 이런 악순환의 고리를 끊어버리려면 나의 장점, 카페의 장점을 이래도 되나 싶을 정도로 티를 팍팍 내며 마케팅해야 한다. 그렇게 하는 것이 대중과의 소통 방법이라고 생각하자.

10년 가까이 카페를 하면서 반성되는 부분이 있다. 그중 하나는 카페를 하고 있다는 이유만으로 카페만 돌아보면서 벤치마킹하려고 했던 자세다. 카페도 자영업이며, 장사다. 본질은 비슷하다. 손님에게 판매를 잘하면 되는 것이다. 그리고 단골을 많이 만들면 된다. 그런데 어리석게 '카페'에만 중점을 두고 살았다. 생각을 바꾸고 난 뒤부터는 밥을 먹을 때나 길거리에서 핫도그 하나를 사먹어도 그 가게에서 벤치마킹할 점을 찾아본다.

나는 아내와 순댓국 맛집을 많이 알아두려고 노력한다. 순댓국은 대한민국에선 흔하디 흔한 업종 중에 하나다. 지역 구분 없이 고르게 분포되어 있는 밥집이다. 그러나 순댓국이 맛있는 집은 손에 꼽는 것이 현실이다. 쉽게 찾을 수 있다는 것은 업종의 진입장벽이 높지 않다는 것을 의미하고, 맛도 흔하다는 것이다. 그래서 우리 부부는 순댓국 잘하는 집들은 추천받은 곳은 물론이고 영업 차 방문한 지역이나 여행을 갈 때면 꼭 주변 순댓국 맛집을 검색해서 방문한다. 그런 노력을 기울이고 맛집으로 인정되면 한 달에 한 번 이상은 꼭 방문한다. 거리가 멀다면 반드시 기록해두고 저장해뒀다가 근처를 방문할 때면 반드시 들렀다 온다. 우리 부부의 순댓국 사랑은 남다르다.

그런 우리기에 순댓국 맛집의 특징을 모아볼 수 있다. 잘되는 집들은 절대 냉장고에서 고기를 꺼내지 않는다. 냉장고에서 꺼낸다는 것은 차고, 말라 있는 고기를 꺼낸다는 것인데 그만큼 손님이 많이 없고, 회전이 안 된다는 것을 의미한다. 그리고 냉장고에 한 번 들어갔다 나오게 되면 아무리 맛있는 고기여도 맛이 없어지고 흔한 맛을 낸다. 그래서 순댓국 맛집은 직접 고기를 삶고 자르는 모습을 볼 수 있다. 문 앞에 찜통이 있는 곳도 있고, 규모에 따라 주방 내부에 위치해 있기도 하다. 보이든 보이지 않든 상관없이 고기의 질에서 확연하게 차이가 난다.

고기를 삶고 바로 썰어서 순댓국으로 만들어진 고기들은 육즙을 가득 담고 있고, 고기 본연의 탱글탱글함이 살아 있다. 그리고 서비스로 고기 몇 점을 내준다. 또는 상권에 따라 정식이란 메뉴로 수육을 맛볼 수 있게 해준다. 이런 곳은 남녀노소 불문하고 사람들이 넘쳐난다. 순댓국은 돼지 냄새가 난다고 싫어하는 사람들도 있지만 대중들이 좋아하는 메뉴 중 하나다. 손님들은 안다. 이곳이 찐 맛집임을 말이다.

순댓국집에서 고기를 써는 모습을 보여주고, 손님이 들어오는 입구 쪽에 찜통을 갖다놓고 작업하는 게 편해서 그런 것일까? 절대 아니다 인테리어를 한 번이라도 해본 사람은 공감할 것이다. 일부러 그렇게 한 것이다. 돈을 더 투자해서 일부러 안쪽에 있는 주방의 역할을 앞으로 빼버린 것이다. 작업의 효율만 생각한다면 절대 해서는 안 될 행동이지만, 매장 입구에 찜통을 배치하고 고기 써는 모습을 보여줌으로써 어떤 효과를 이끌어냈는가? 흔하게 볼 수 있는 순댓국집의 풍경이 아닌, '순댓국 고기가 이렇게 만들어지는구나!' 하고 손님들을 감탄하게 만드는 것이다. 흔한 순댓국집이 아닌 순댓국 장인이 운영하는 곳이라는 인식을 은연중에 심어주는 것이다. 같은 값이면 어디를 가겠는가? 다시 이 지역을 방문해서 순댓국을 먹어야겠다고 생각이 들면 어디를 가겠는가? 두말하면 잔소리일 것이다. 결국 내가 하고 싶은 말은 내 카페의 좋은 점을 티를 내면 낼 수록 손님들이 더 잘 이해하게 되고, 더 맛있게 먹을 수 있게 된다. 그리고 단골도 더 빨리 확보할 수 있다. 티를 팍팍 내야 비로소 손님들은 알게 된다. 이 사실을 명심하자.

## 05

# 대박 가게들은
# 메뉴가 단순하다

코로나로 마스크를 쓴 지 3년이 넘어간다. 피해가 누적된 자영업자들은 역대 최고의 어려움을 겪고 있다. 한국외식업중앙회를 포함한 8개 자영업 단체 대표 70여 명이 삭발 시위를 할 정도다. 현실에서 자영업의 상황을 직접 느끼는 사장의 한 명으로서 참담한 심정이다. 코로나 이전에 카페를 오픈하고 싶은 먹자골목이 몇 곳 있었다. 기회만 되면 바로 입주해서 카페를 오픈하고 싶었다. 그러나 공실이 전혀 없었다. 그런데 지금은 '임대 문의' 현수막이 몇 달째 걸려 있다. 앞으로 자영업자들의 폐업 소식은 계속 이어질 것 같다. 하지만 꼭 망하는 가게가 환경 때문만은 아니다.

몇 해 전 원두 납품 컨설팅을 위해 A카페를 방문했다. 사장님은 매장의 커피 맛이 계속 변해 원두를 바꾸고 싶어 하셨다. 상담이 끝나가서 정리를 하고 있었다. 커피 세팅을 마친 뒤 가방을 들고 나오며 주위를 둘러봤는데, 메뉴판이 한눈에 들어오지 않았다. 메뉴가 너무 많아서였다. 커피 메뉴는 기본이고 그 외에 스무디, 빙수류, 떡볶이, 샌드위치, 샐러드 및 브런치 메뉴들까지 수십 가지의 메뉴들이 벽면에 가득했다.

"사장님, 메뉴들이 왜 이렇게 많아요? 감당하실 수 있으세요?"

"여기는 동네 상권이고, 아이들도 많아서 간식거리들을 찾아서 넣다 보니…."

이 카페 사장님은 출근부터 저녁 늦게 마감할 때까지 시간제 근무 여직원 한 명과 함께 매장을 운영하셨다. 납품을 하며 매장을 자세히 둘러보았다. 매장 한편에 시간이 남을 때 만드신다는 수공예 가방까지 판매하고 계셨다. 종합선물세트 같은 매장이었다. 사장님은 밝고 명랑한 편이셨지만 너무 힘들어 보였다. 매장 서랍 구석구석에 피로회복제나 영양제가 수북이 쌓여 있던 게 기억이 난다. A사장님과의 인연은 3~4개월로 오래가지 않았다. 마지막 감사의 인사를 하고 나올 때 사장님은 조용히 가게를 내놨다는 이야기를 하셨다. 카페를 할 만한 사람이 있으면 소개시켜달라고도 하셨다. 만약 A카페 사장님이 제일 자신 있는 아이들 간식 1~2개와 커피 메뉴, 세 가지 이하의 기본 음료만 집중적으로 다뤘다면 어땠을까? 매출은 이전보다 적어도 좋은 수익률을 확보하고, 스트레스도 전보다 훨씬 줄어들었을 것이다. 그리고 실속 있게 카페를 운영할 수 있지 않았을까 생각한다.

A카페와 상반되는 B카페의 예를 들어보겠다. 이 카페는 커피 전문 매장으로 유명하다. 당시 이 카페는 테이블이 3~4개뿐이었다. 이 매장

의 손님들은 작정하고 커피만을 마시러 온다. 아메리카노는 기본이고 에스프레소 주문도 상당하다. 진정한 커피마니아들인 것이다. 원두 구매도 많으며, 사장님이 핸드드립을 내리는 모습도 수준급이다. 자신감이 넘친다. 이런 매장은 커피 외 음료는 한두 개만 내놓는다. 이 카페는 수제레몬청에 페리에 한 병을 통째로 내놓는 메뉴가 있었다.

이렇듯 메뉴가 단순한 대박 가게는 사장님 스스로가 제일 자신 있는 메뉴를 선보인다. 그래서 당당하고 자신감이 넘친다. 사장님은 알고 있다. 이 메뉴를 먹으면 반드시 또 오게 된다는 것을 말이다. 그래서 손님이 들어올 때 느끼고, 사장을 보며 신뢰하며, 맛을 보며 확인한다.

메뉴가 단순해야 대박 가게가 되는 기초를 쌓을 수 있다. 모든 장사가 마찬가지다. 가게를 오픈하자마자 어떻게 손님으로 북적일 수 있겠는가? 재고가 쌓여 신선도 유지를 위해 버려야 할 때도 많다. 가게에 손실이 발생할 수밖에 없다. 이때 메뉴가 단순한 가게는 손실을 최소화할 수 있기에 살아남는 데 유리하다. 그리고 메뉴가 단순한 덕에 집중할 수 있다. 고객들의 만족도가 높아 단골이 형성된다. 단골이 하나, 둘 생기고 자신감과 숙련도가 좋아지는 시점이 중요하다. 만들어진 단골 고객들과 깊게 소통해야 한다. 그들에게 커피를 무료로 주면서라도 단골이 알고 있는 카페의 장단점을 듣고 보완해야 한다. 그리고 주위에 벤치마킹할 카페나 인기 식당들이 어디인지, 친한 지인들이 먹는 음료나 디저트 등을 파악해야 한다.

그들을 통해 나온 의견을 잘 분별해 매장에 적용해보자. 그럼 두 가지 효과를 얻는다. 첫 번째, 단골 고객은 자신의 의견이 반영되어 뿌듯

함과 주인의식이 생긴다. 두 번째, 더 많은 잠재 고객들을 데리고 온다. 이렇게 사람을 한 명, 한 명 모아나가면 망할 수 없는 대박 가게가 될 수 있는 조건이 완성되는 것이다.

대박 가게들의 단순한 메뉴는 고객들을 위한 최고의 배려다. 나는 카페를 오픈하고 1년 정도는 핸드드립을 같이 했다. 핸드드립은 최소 5~10분 정도 걸리는 메뉴다. 그러나 커피전문점 이미지를 위한 최고의 메뉴고, 지금도 그 생각은 변함이 없다. 그러나 나의 경우에는 적합하지 않은 메뉴였다. 커피로맨스는 점심에 직장인들이 몰려온다. 산책로 중간에 위치해 있다. 식사를 하고 산책 삼아 와서 커피를 테이크아웃해 간다. 이런 매장에는 30초 안에 메뉴가 완성이 되도 무조건 대기인원이 생긴다. 매일 빠르게 음료를 받아가는 직장인들이 우연히 한 카페에 들러 무조건 5~10분 기다려야 한다면 절대 거기는 다시 가지 않을 것이다. 그래서 커피로맨스는 초반 1~2년의 매출이 저조해 너무 힘들었다. 돌이켜보면 나는 실력이 없었던 게 아니고, 고객을 향한 배려가 전혀 없는 초보사장이었다.

다시 강조해서 말하고 싶다. 대박 가게는 메뉴가 단순하다. 고객이 원하는 메뉴가 없어 다시 내 매장에 들어오지 않아도 괜찮다. 세상 떠들썩하게 유행하는 메뉴가 내 매장에 없어도 괜찮다. 내가 제일 자신 있고, 한번 먹으면 절대 잊지 못할 감동 있는 메뉴면 절대 흔들리지 않을 것이다. 대박 가게는 그런 뚝심 위에서 굳게 버텨낸 가게들이다. 메뉴가 부족해서 망하는 가게가 있는 게 아니다. 어느 하나 먹을 게 없어서 망하는 것이다. 고객을 감동시킬 메뉴 딱 하나만 정하고 무섭게 연구하고, 증명해내라.

자, 이제 매장에 적용할 차례다. 자신의 메뉴를 점검해서 가차 없이 줄이자. 내일부터 당장 적용해보자고 하면 절대 못하는 사장님들을 많이 봤다. 이건 비단 당신만의 문제가 아니다. 나는 사장님들의 결단을 돕기 위해 좋은 성공 사례를 덧붙인다.

지금은 기다려서 먹을 수조차 없는 대박 가게인 제주도의 돈가스 전문점 '연돈'이 그 예다. 한 텔레비전 프로그램의 골목식당 컨설팅 가게로 선정된 연돈에서 백종원 대표가 내린 컨설팅은 "메뉴를 줄여라"로 단순했다. 지난 영상들을 돌려 보면 메뉴를 줄이는 것에서 큰 갈등을 했던 연돈 사장님을 볼 수 있다. 대박 가게가 된 지금 상황을 보면 어처구니가 없는 과거 사장님의 반응이다. 그만큼 메뉴를 단순화하는 것은 사장에게 어려운 작업이다. 그 마음을 너무나 잘 아는 베테랑 백종원 대표는 손해배상까지 해주겠다며 공개적으로 방송에서 공증한 것이다.

장사에서 집중과 선택의 능력은 필수적이다. 이 능력은 좋든 나쁘든 선택을 해온 사람만이 기를 수 있는 감각이다. 다시 강조해서 말하지만 메뉴를 단순화해보자. 내가 만든 이 가게가 존재하는 이유를 드러낼 수 있는 메뉴, 가장 임팩트 있는 것만을 선정해 최선을 다해 선보이자. 내가 선택한 메뉴를 제일 잘하는 가게를 찾아 매주 맛보러 다니고, 레시피를 수정하고, 적용해보자. 그리고 그 메뉴에 혼과 정성, 진심을 담아 만들어내보자. 그러면 메뉴를 줄이기 전 많은 사람들에게 팔아보자는 마음으로 만들어냈던 시절과 다르다는 것을, 질적인 차이가 있다는 것을 느낄 수 있을 것이다. 사장인 당신과 손님이 동시에 느낄 것이다. 그때야 비로소 당신은 알게 된다. 왜 메뉴를 단순화해야 하는지 말이다. 메뉴를 줄인다고 매출이 줄어드는 것도 아니고 손님이 줄어드는 것도 아니다. 또한 망하는 것도 아님을 알게 된다. 메뉴를 단순화하는 길이 곧 사는 길임을 깨닫게 될 것이다.

## 06

# 3초만 줄여도
# 고객은 떠나지 않는다

카페에서 중요한 요소는 무수히 많다. 그러나 나는 그중에서 하나를 뽑으라고 한다면 바로 '속도'를 뽑을 것이다. 왜냐하면 한국 사람들은 그게 무엇이든 늦게 나오는 매장을 좋아할 리 없기 때문이다. 모두 공감할 것이다. 자신의 황금 같은 점심시간 60분을 쪼개고 쪼개서 카페에 들어왔는데 15분을 빼앗아간다면 용서가 되겠는가? 세계 바리스타 챔피언이 정성스럽게 뽑아준 커피여도 다신 오고 싶지 않을 것이다. 카페는 속도가 생명임을 잊지 말아야 한다.

카페를 차리고 3년쯤 되었을 때의 일이다. 나는 오픈 당시의 카페 동선이 마음에 들지 않았다. 그래서 1년쯤 지나서 손님을 마주보는 동선에서 90도 틀어 커피머신을 재설치했다. 손님이 내가 커피를 추출하는 모습을 모두 볼 수 있게 되었다. 나의 동작을 하나부터 열까지 지켜볼 수 있다. 처음에 그렇게 한 이유는 자신감의 표현이자, 손님을 속이지 않는다는 메시지였다. 그런데 시간이 지나 3년 차쯤 접어들었을 때 손님이 이런 말을 했다.

"이제는 커피를 추출하는 모습이 손에 익어 보입니다."

순간 당황했다. '그럼, 예전에는 서툴렀다는 것인가?' 하는 생각을 하느라 어떻게 커피를 추출해서 드렸는지 기억도 나지 않았다. 나는 오픈 때부터 자신이 있었다. 그리고 커피 추출에는 부족함이 없다고 생각했다. 그런데 나만 그렇게 생각한 것인가? 머릿속에서 이런저런 생각이 떠나질 않았다. 그리고 시간이 지나면서 인정하게 되었다. 지금은 성장했지만, 오픈 당시에는 아무것도 모르는 초보였다는 것을 말이다. 커피 맛도 잡히지 않아 매일 맛을 바꿔서 선보였고, 커피 볶는 기계가 작아서 큰 용량을 볶지 못했다. 그래서 같은 원산지의 커피를 볶아도 맛이 조금씩 달라 매일 수십 잔의 커피를 마시고 버렸다. 그러면서 성장했지만, 그래서 손님들도 힘들었을 것이다. 매일 커피 맛이 다른 곳에 가고 싶지는 않았을 것이다.

인정할 것은 인정해야 했다. 그래서 나는 카페 창업을 앞두고 컨설팅을 받는 사장님들에게 오픈을 앞두고는 이렇게 말한다.

"사장님, 커피 발주 10kg 정도 하세요!"

"그렇게나 많이요? 이번 주에 많이 팔릴까요?"

"사장님이 파는 것은 몇 킬로그램이 안 될 겁니다. 나머지는 모두 연습하세요!"

이렇게 말하면 대부분 주문하신다. 안 하는 분들도 물론 계신다. 사람의 마음이 다 같을 순 없다. 그러나 하지 않는 분들은 오래가지 못한다. 이것은 내 경험에 의한 통계다. 10kg을 발주하지 않는 사장님들은 벌써부터 이익 계산을 하고 있는 것이다. 안타깝다. 먼저 자신이 숙련되어 손님이 다시 오고 싶은 카페로 인식될 수 있는 준비가 되면 살아남는데 말이다. 자신에게 돈을 먼저 주면 가치를 주겠다는 마음가짐으로는 잘될 수 없다. 먼저 줘야 한다. 우리가 받을 수 있는 커피의 값은 이미 정해져 있다. 잘되는 카페의 원칙은 받은 가치 이상을 줘야 한다는 것이다. 하지만, 처음 카페를 준비하고 오픈했다면 받은 돈의 가치만이라도 줘야 한다. 10kg의 원두로 연습하는 건 고객에 대한 최소한의 노력일 뿐이다.

나는 운이 좋은 사람이다. 나는 한 번도 그런 적이 없지만, 내 고객들 중 월 100kg 단위로 원두를 소비하는 사장님들이 계신다. 그분들은 여러 카페를 운영하기보다 한 카페를 굵직하게 운영하시는 편이다. 그분들에게 원두를 오랫동안 공급해오면서 공통점을 발견했다. 첫 번째로 그분들은 모두 하나같이 빠르다. 놀라울 정도로 같은 것이 돈을 입금하는 방식이다. 그 사장님들은 나에게 한 번도 원두 값을 늦게 주신 적이 없다. 받는 즉시 입금해주신다. 또는 미리 한 달 또는 자신이 생각하는 원두 값을 몇 백만 원 선입금해서 차감하는 방식을 요구하신다. 처음에는 이렇게 하는 게 공급받는 입장에서 부담되는 게 아닌가 싶었지만 거래를 하면서 이해되었다. 매출 금액이 클수록 들어오고 나가는 금액이 커지고 빈도수가 올라간다. 그에 따라 자신의 실수를 최소화할 수 있는 방법을 취하는 것 같았다. 또한 충전해둔 금액이 차감되는 시간에 따라 매출도 예상할 수 있는 경영효과 또한 누릴 수 있다.

두 번째 공통점은 서빙이 빠르다는 것이다. 손님에게 도달되는 속도가 다른 어떤 카페보다 빠르다. 손님이 많아지면 손님의 동선과 서빙되는 동선이 섞일 수밖에 없다. 손님은 자신이 가고 싶은 곳으로 가기 때문에 웬만한 시스템이 잘되어 있지 않으면 힘들다. 그러나 이 매장들은 하나같이 효율적으로 돌아간다. 어떤 카페는 진동벨과 직접 호명을 통해 해결한다. 또 다른 매장은 직접 서빙하거나 단체손님 중 한두 명이 작업대 끝에 대기해서 가져간다. 또는 매장입구마다 무인포스기를 가져다놓고 주문의 효율을 최대한 끌어올려 해결하는 카페도 있다. 방법은 가지각색이지만 매장 손님이 만족하도록 서비스를 적용하는 점은 공통적이었다. 어떤 시스템이어도 빠른 속도를 유지한다.

마지막 세 번째 공통점은 음료 준비가 빠르다는 것이다. 300kg 단위를 한 달에 소비하는 매장은 전쟁터다. 점심시간에 여의도나 강남 스타벅스, 폴바셋 매장을 가보라. 영수증이 바닥에 카펫으로 깔린다. 원두를 뜯어서 넣어주는 직원이 따로 있을 정도로 바쁜 매장들이 그렇다. 그런 매장들은 자기만의 음료 준비 시스템을 갖추고 있다. 내 고객 매장의 사장님들은 아이디어 천재들이다. 점심 직전 11시 정도가 되면 미리 컵에 레시피에 맞게 물을 담아놓는다. 물론 뚜껑은 닫아서 위생적으로 장갑도 끼고 준비한다. 식당에 가면 아주머니들이 끌고 다니는 3층 카트를 본 적 있을 것이다. 그런 카트에 미리 컵 홀더까지 껴서 준비해두고 손님을 기다린다. 그리고 주문이 다 끝나기도 전에 에스프레소는 추출 중이다. 미리 손님의 인원수만큼 음료를 예상하고 준비하는 것이다. 단골이 넘치는 개인 카페의 특성이다. 그렇게 해도 이런 매장은 손님으로 넘쳐난다. 이런 매장의 사장님들은 제빙기와 블렌더의 위치, 계량법에 대해 신경을 많이 쓴다. 속도와 일정한 질을 맞추기 위해서다. 원두를 택배로 배송하다가 가끔 직접 배송하면서 작업대를 보면 늘 뭔가 바뀌어 있다. 동선을 변경하거나 기계를 변경해 효율을 높인 것이다.

나는 사람들의 말버릇에서 "예전부터 원래 그랬어"라는 말을 싫어한다. 예전부터 같은 행동을 해왔다고 지금도 그 행동을 반복해야 하는 이유는 어디에도 없다. 지금하는 행동도 옛날 어느 날에 처음 했던 행동이다. 현실에서는 행동의 변화가 필요할 수 있고, 자신에게 솔직해져야 한다. 예전부터 지속해온 행동이라 바꿀 수 없는 게 아니라, 내 말이 마음에 들지 않고, 듣고 싶지 않아서는 아닌가?

나는 골목 구석의 6평 한 칸 카페로 시작해 3칸으로 늘려갔다. 그렇게 성장을 하다 보니 단골 고객들이 창업을 문의해왔다. 그래서 나는 도움이 될 만한 내용들을 차 한 잔 값에 해줬다. 그러나 정작 카페 창업을 한 뒤에 찾아가 보면 적용되지 않았을 때가 많았다. 그리고 빠르게 문을 닫거나 현상 유지도 힘든 카페들이 많았다. 조언을 듣기보다 마음대로 한 것이다. 그렇게 단골과의 인연이 끊어지고 나면 생각이 많아진다. 내가 잘못 조언한 것 같다는 생각에 답답해져온다.

그러나 시간이 지나면서 깨닫는 게 있다. 내 말을 100% 따라 했어도 망하는 카페는 분명히 존재한다는 것이다. 너무나 당연한 말이다. 카페를 창업하기 전에도 준비를 철저하게 해야 하지만 부족해도 어찌 보면 그게 큰 문제가 아닐 수 있다. 백종원의 컨설팅이 있어도 현장에서 직접 운영하는 카페 사장이 변화하고 발전하지 않으면 살아남지 못할 것이다.

카페 하나로 연간 3억 원에서 5억 원이 넘는 매출을 내는 사장님들은 비슷한 공통점들이 있다. 그분들은 늘 고객이 어떻게 더 만족할 수 있을까에 집중하고 스스로 변화하는 분들이다. 그냥 가만 뒤도 매출이 보장될 것 같은데 늘 배우고 변화한다. 마치 전교 1등이 자신의 실력을 더 정교하게 다듬기 위해 과외를 하는 것 같은 기분이 든다.

**07**

# 손님 눈에
# 보이게 일하라

　유튜브의 '장사의 신' 채널을 자주 시청한다. 은현장 씨가 자영업자를 컨설팅해주는 이야기다. 그는 젊은 나이에 '후라이드 참 잘하는 집' 브랜드를 200억 원에 매각했는데, 《나는 장사의 신이다》라는 책을 읽으면 더 자세한 이야기를 볼 수 있다. 그의 컨설팅을 볼 때마다 "그렇지, 그렇지. 맞다, 맞어!" 하며 공감하면서 보게 된다. 그의 컨설팅을 보면서 공감이 갔던 내용 중 하나가 이번 장의 주제와 같다. 그는 컨설팅을 받는 사장님들에게 자주 말한다. "손님들은 당신이 얼마나 일찍 나와 준비하는지, 얼마나 많은 재료들을 넣었는지 모른다", "사람들이 보이는 곳에, 티가 나게 적어놔라"라고 말이다. 한국 사람들은 이상한 문화를 다음 세대에게 주입시켰다. '겸손하라', '오른손이 하는 일을 왼손이 모르게 하라' 등등의 문화를 뿌리 깊게 심어놨다. 나는 이런 자세는 카페를 하면서 철저하게 없애야 한다고 생각한다.

당신의 능력을 보이며 일하라. 유튜브에 당신의 얼굴을 내밀고 이야기해보라. 부담스러운가? 그러면 네이버 블로그에 올려도 좋다. 이것도 힘들다면 심각한 일이다. 그러면 인스타그램으로 사진 한 장과 한마디, 그것도 힘들면 사진만이라도 올려라. 당신의 열정적인 행동, 화려한 라떼아트, 매일 나아지는 모습, 읽고 있는 책 등등 자신이 카페를 얼마나 잘하고 싶은지, 노력하는지 티를 내야 한다. 그렇지 않으면 누구도 알아주지 않는다. 그렇게 인정받고 사람들이 더 많이 오면 된다. 이런 이야기를 창업 준비를 하는 사람들, 매출을 고민하고 있는 사장님들에게 핏줄을 세우며 말할 때가 있다. 그런데 상대방 얼굴에 '그렇게까지 해야 돼?'라고 써 있는 것을 발견하면 그냥 웃으며 이야기를 그만둔다. 몇 해 전만 해도 그런 얼굴을 하고 있어도 설득하려고 했다. 그러나 비즈니스를 알면 알수록 사람을 경험하면 할수록 부질없음을 알게 되었다. 이 세상 어떤 성공자도 누군가의 설득과 권유로 그 자리에 오르지 않았다. 스스로가 너무 성공하고 싶어서 그 자리에 갔다. 지옥같은 자신의 처지에서도 간절히 원하고, 눈물을 닦으며 자신의 목표를 향해 나아가 성공한 것이다.

다시 말하지만, 당신의 매력포인트가 잘 보이게 일하라. 일전에 네트워크 마케팅을 할 때 분당의 미금역 상가 사장님들을 많이 만났다. 코로나로 인해 사람이 많이 붐비는 상가에서는 사장님을 만나기가 쉽지 않아 도로변 상가를 영업 대상에서 제외했었다. 역 내에 있는 한가한 가게들을 위주로 방문하기로 전략을 바꿨다. 그런데 한 떡볶이 가게가 인상 깊었다. 도로변에서 봤을 때 분명 작은 분식집이었는데, 지하철역 안쪽 복도 상가로 들어와 보니 3개의 공간에서 모든 재료들을 2~3명의 아주머니들이 준비하고 포장하느라 정신이 없어 보였다. 다른 지점으로 소스와 재료들을 보내려고 작업 중인 모습이었다. 보통 이런 모습은 큰 공간을 따로 얻어 하는 게 일반적이라 흔히 볼 수 없는 풍경이 너무 신기했다. 그리고 다시 그 떡볶이 집을 바라보게 되었다. 가게에 대한 인식이 전혀 달라졌다. 그 사장님이 나에게 어떠한 말도 하지 않았는데도 대체 어떤 맛이길래 저렇게 규모가 큰지 한번 먹어보고 싶어지기까지 했다.

지금 돌이켜보면 그 사장님은 크고 넓은 자리를 더 저렴하게 얻어 작업할 수도 있었을 것이다. 그러나 오히려 그렇게 하면 더 손해다. 사람들이 봐야 더 먹는다는 것을, 자신이 더 가맹이나 확장을 잘할 수 있다는 것을 그 사장님은 안 것이다.

나도 비슷한 경험을 했다. 매장이 작아 초반에 공사를 많이 했다. 에스프레소 머신의 위치를 손님을 등지고도 배치해보고, 손님을 바라보고도 배치해봤다. 그러다 지금은 에스프레소를 추출하는 과정과 나의 모든 행동이 보이게 옆으로 해놨다. 내가 추출하는 모습, 라떼아트를 하는 모습을 모두 바로 앞에서 지켜볼 수 있게 해둔 것인데, 부담스러운 동선이 아닐 수 없다. 그래서 이렇게 동선을 바꾸고 직원들과 아르바이트생들의 반발이 있었다. 흐트러진 모습을 보일 수 없고, 긴장 상태를 유지해야 하기 때문이다. 그러나 어쩔 수 없는 상황이었기에 밀어

부쳤다. 결국 바꿀 수 없다면 즐겨야 했다. 그 이후로 사람들 앞에서 나는 떨지 않는다. 처음 원두 영업을 가서도 내 실력을 펴는 데 전혀 무리가 없다. 그 자리에 있는 스팀피처로 바로 스팀을 할 수 있다. 내가 원하는 대로 거품을 낼 수 있고, 라떼아트도 문제없다. 매일 수십 명의 사람들이 지켜보는 가운데 노출되는 삶을 살다 보니 체득된 것이다.

또한 나는 원두 납품을 준비할 때 몰아서 한다. 그것도 바쁜 시간대인 11시부터 1시 정도에 말이다. 이유는 간단하다. 몇 백 개의 원두가 출고를 앞두고 사람 높이까지 쌓여 있으면 어떤 느낌이 들까?

"어, 여기 원두 납품도 하네?"

"사장님 왜 이렇게 장사가 잘되요?"

손님의 여러 가지 반응을 동시에 끌어낼 수 있기 때문이다. 그리고 어떤 고객의 경우 사무실용 원두 계약까지 성사될 때도 있다.

한 가지 더, 당신의 마음도 보이게 일하라. 거래처 사장님들이 주위에 프랜차이즈들이 너무 많다는 이야기를 할 때가 있다. 그래서 자신들과 같은 개인 카페들이 가격 경쟁력도 떨어지고, 다양한 메뉴가 없어서 손님이 덜 온다는 것이다. 맞다. 정확한 분석이다. 그럼 그렇게 두고만 볼 것인가? 손님이 계속 없어지도록 둘 것인가? 그 사장님이 분석한 것은 상대의 장점이다. 그렇다면 사장님의 장점은 무엇인가? 오히려 주위를 둘러싸고 있는 프랜차이즈들이 할 수 없는 자신만의 강점은 무엇인지 생각해본 적이 있는가?

나는 이따금씩 손님들에게 다가가 한마디씩 한다.

"리필 해드릴까요?"

"라떼도 상관없습니다. 한 잔 더 드실래요?"

"이제 가세요? 가실 때 아메리카노 한 잔 더 드릴까요?"

누군가는 리필을 할 때도 있고 아닐 때도 있다. 그러나 모든 사람들이 이 말을 듣고 동공이 확 커진다. 리필?! 라떼도?! 나가는데 한 잔을 그냥 준다고? 프랜차이즈에서는 절대 따라 할 수 없는 서비스가 아닌가? 한 잔 더 준다고 해서 커피머신이 터지는 것도 아니고, 월세를 못 내는 것도 아니다. 프랜차이즈에서는 서비스와 트렌드를 무기로 삼는다면 당신은 사람 냄새를 풍겨봐라. 인심을 더 쓰는 것이다. 손님에게 내 카페를 기억나게 만드는 방법은 여러 가지다. 프랜차이즈에만 있는 메뉴가 먹고 싶으면 거기로 가겠지만, 그냥 커피를 마실 때는 나에게 올 수 있다. 나를 기억하게 할 무언가를 만들어보라. 그 사람이 오기를 더 간절히 바라는 당신의 마음이 상대에게 보이게 일해보라. 그 간절한 마음이 전해지면 손님은 절대 다른 곳에 가지 못한다. 그런 카페가 흔하지 않기 때문이다.

제발 보이게 일하라! 사람들은 보여야 믿는다. 말하지 않아도 아는 시대는 이미 지났거나, 어쩌면 온 적도 없다. 착각하지 말자. 여태껏 우리는 좋아 보여서, 소문을 듣고, 사고 먹었다. 세상은 얼마나 잘 보여주는가에 따라 부가 결정된다. 뉴욕의 티파니 본사 빌딩 옆에는 트럼프 타워가 위치해 있다. 생기자마자 뉴욕의 명소로 자리 잡았다. 처음에 트럼프는 그 건물의 이름을 '티파니 타워'라고 붙이려고 했다. 단순히 티파니 본사 옆에 있어서였다. 그러나 그의 친구가 당신이 트럼프인데 뭐하러 그러냐고 설득했고, 결국 트럼프 타워로 이름을 바꿨으며 트럼프 타워와 자신의 명성은 전 세계로 뻗어나가게 되었다. 그 자신만만한 트럼프도 자신의 이름을 전면에 내세우는 것을 주저했다. 우리는 오죽할까?

그러나 보이게 일하는 것도 습관이다. 인플루언서들은 새로운 화분을 사도 SNS상에 사소한 이유를 달아 말한다. 피부관리를 하는 것도 운동하는 것도 모두 업로드해서 자신이 얼마나 잘난 사람인지, 그렇게 되고 싶은지를 보여준다. 사람들은 그것을 보고 그 사람이 제공하는 제품과 서비스를 동일시해서 생각한다.

"그렇게 자기관리를 잘하는 사람이 제품을 허투루 만들었겠어?"

자신을 드러내야 한다. 보여줘야 한다. 그래야 사는 시대다!

# 08

# 시크릿 마인드
# '모든 게 사장 탓이다'

나는 최소 30년은 바라보고 있는 오래된 상가에서 카페를 운영한다. 그리고 상가의 각 호수마다 주인들이 각각이고, 10년 가까이 카페를 운영하는 동안 2층 상가의 주인들은 얼굴 한번 보지 못한 사람이 많다. 그런 상가가 관리가 잘될 리 없다. 특히 오래된 쇠파이프로 된 수도관이 겨울에 수도 없이 터지고, 얼기를 반복한다. 나는 이 상황이 너무나 스트레스였다. 시한폭탄을 끌어안고 살고 있는 기분이었다. 상가 주인들이 협조적으로 모여서 공사하면 될 텐데 협조가 안 된다. 회의를 하러 모여도 결국 서로 상처만 주고, 욕설을 하는 사람까지 있다.

카페를 오픈하고 나서 매출을 높이기도 버거웠는데 상가 건물 전체를 내가 맡아 청소하고 관리하는 수고까지 해야 하는 게 받아들여지지 않았다. 하루라도 빨리 떠나고 싶었다. 그래서 더 빨리 성공하고 싶었고, 다른 공간을 알아보러 다녔다. 그런데 말처럼 그렇게 쉬운 일은 아니라 생각처럼 되지 않았다.

그렇게 시간이 흘러 카페를 잠시 소홀히 하고 2년간 영업을 병행할 때 일이다. 영업은 생각만큼 쉽지가 않았다. 좋은 제품, 내가 너무나 만족해서 사서 쓰고 있는 이 제품을 안 쓸 사람이 누가 있을까 생각해서 열정에 불타서 돌아다녔다. 그런데 정말 내 마음처럼 쉽지 않은 날들의 연속이었다. 그때마다 '왜 나는 안되지?', '뭐가 문제지? 저 사람은 지금 돈이 없어서 그런 걸 거야', '저 사람은 지금 타이밍이 아니야' 등등 이유를 밖에서 찾았다. 카페를 하던 때와 똑같은 사고방식을 갖고 있다는 것을 나는 곧 깨달았다.

누구를 통해서 깨달았을까? 김승호 회장, 로버트 기요사키, 도널드 트럼프, 이나모리 가즈오(稲盛和夫) 등 경영의 신들을 통해 나를 되돌아보니 깨달아졌다. 원인은 나에게 있다. 내가 바뀌면 스트레스도 받지 않았을 것이다. 그리고 좋은 기운으로 손님을 대했을 것이다. 매출도 올라 영업을 병행하지 않아도 충분한 삶을 영위했을 것이다.

처음부터 오래된 상가인 것을 알지 않았는가? 동파를 한 번 경험했다면, 미리 저렴한 난로를 화장실마다 켜놓으면 최악의 동파는 막았을 것이다. 미리 위험을 대비하지 않은 내 게으름이 원인이었다. 상가 사람들과의 회의가 언제 한번 순조롭게 흘러간 적이 있는가? 그럼 미리 내용을 보내놓고 동의하지 않는 상가 주인은 물을 끊어버리고 진행하겠다고 동의서를 받으면 어땠을까? 돌이켜보니 내가 얼마나 잘못하고 있는지가 보였다. 내가 처한 상황이 마음에 들지 않는다고 외부 환경에 불만만 토해낸 것이다. 너무나 어리석고 철 없는 행동이었다.

이나모리 가즈오는 일본에서 '경영의 신'으로 불린다. 그가 90년을 살면서 깨달은 교훈을 유튜브에 올린 것 중에서 매우 공감가는 내용이 있었다. 만약 당신이 어딘가에 부딪혀 찰과상을 입었다고 가정해보자. 그러면 당신은 어떻게 말해야 할까?

"이 정도로 다친 게 어디야! 더 크게 다쳤으면 움직일 수도 없었을 거야! 다행이다."

그 또한 이런 말은 절대 이성으로만은 할 수 없음을 강조한다. 그래도 억지로라도 해야만 한다고 말한다. 즉, 훈련이 필요하다는 것이다. 이나모리 가즈오가 말했듯이 우리는 불행한 일을 경험한 뒤 좋은 반응을 보이기가 쉽지 않다. 늘 불평하고, 신세를 한탄하도록 습관화되어 있는 것이다. 그래서 잘되는 사람은 소수에 불과한 것이다.


'모든 게 사장 탓'이어야 하는 또 다른 이유는 무엇일까? 당신의 가게, 사업은 당신 것이기 때문이다. 사장으로 있는 이유는 무엇인가? 당신이 가게나 사업을 통해서 경제적인 시간적인 여유를 얻기 위함이 아닌가? 그것을 위해서 아침부터 저녁까지 24시간 그것만 생각하고 있지 않은가? 만약 크게 성공해서 누군가 당신의 사업체를 300억 원에 사겠다고 하면 그 돈은 누구에게 주는가? 당신에게 준다. 직원도 아니고, 당신보다 어쩌면 더 자주 오는 단골도 아니다. 오직 당신에게 그 돈의 100%를 준다. 당신 것이기 때문이다.

당신에게 주는 그 돈의 가치는 당신이 겪어내고 이겨낸 결과물이다.

손님에게 당한 모욕을 견디고, 서비스를 제공한 노고, 맛이 없어서 별점 테러를 당해 레시피를 밤새도록 수정했던 수고, 모든 지점의 맛을 유지하기 위한 시스템적인 노력 등등 그 모든 가치를 인정해주는 돈은 바로 당신의 것이다. 당신이 겪는 지금 모든 경험은 당신의 자산임을 절대 잊지 말라. 모든 고생을 견디고 이겨냈을 때 당신은 한 단계 더 올라설 수 있다는 사실을 절대 잊지 말자.

그런데 왜 사람들은 내 탓을 하는 게 힘든 것일까? 성공한 사람이 이 세상에 많지 않기 때문이다. 분명 자기 탓이 아닌 자기 한탄을 하는 사람들이 많은 것이 사실인데, 자기 탓을 하는 것은 너무나 고통스럽기 때문이다. 원인을 찾고 해결점을 찾아내야 하는 귀찮은 작업이기에 그렇다. 반대로 남탓을 하면 너무나 쉽다. 원인은 오로지 당신의 잘못된 '그것' 때문이라고 분명하게 말해줄 수 있다. 모든 인간은 스스로의 잘못보다 남의 잘못을 잘 본다.

성공하고 싶은가? 그렇다면 이것은 정말 진심으로 '시크릿 마인드'다. 이제부터 변화해야 한다. 당신의 가게에서 일어나는 모든 일들은 '당신' 탓이다. 이런 마인드를 갖고 운영에 임해본다면 분명 다른 세상이 열릴 것이다.

먼저, 내 탓이 주는 마인드는 어떤 변화를 줄까? 모든 게 내 탓이기에 미리 대처하려고 할 것이다. 행동력이 비약적으로 올라간다. 일 처리를 미루지 않으려고 한다. 미루면 쌓이고, 쌓이면 문제가 커지기 때문이다. 문제가 생각나면 바로 해결하고, 의심되면 바로 확인하고 처리한다. 그래서 작은 노력으로 위험관리를 해낼 수 있다. 그러므로 사업체에 큰 사건·사고가 사라진다.

또 다른 변화는 없을까? 사람들에게 인기가 좋아진다. 여유로워진다. 사람을 원망하지 않게 된다. 어떤 과제를 맡겼는데 직원이 실수를 했다고 가정하자. 옛날 같았으면 불같이 화를 내고 서로 상처를 주고받았을 것이다. 그런데 내 탓 마인드를 장착하면 화낼 일이 전혀 아니다. 직원의 성향을 모르지 않을 텐데, 적합한 사람에게 맡기지 않은 내 잘못이다. 모르고 맡겼다면, 미리 파악하지 못한 내 탓이다. 그렇게 생각하게 되면 미리 사람을 분석하고 파악하는 능력이 비약적으로 발전된 사장의 모습을 보여줄 수 있을 것이다.

성경에는 이런 말이 있다.

"온유한 자는 복이 있나니 저희가 땅을 기업으로 받을 것임이요."

나는 온유하다는 말을 늘 되새김하며 참지 못하는 상황들을 이겨낸 적이 많다. 땅을 기업으로 받고 싶어서도 있지만, 경험적으로 그런 태도가 대부분 유리했기 때문이다. 온유의 반댓말은 화내는 것, 성내는 것, 불같은 성격 등을 들 수 있다. 이런 성격의 소유자들은 추진력이 있고, 실행력이 좋은, 그리고 똑똑한 사람들이 많았던 것 같다. 그러나 그런 사람들 주변에 사람이 모이지 않음을 많이 경험했다. 내 탓 마인드가 자리 잡기 어려운 사람들이기 때문이다. 자신이 똑똑하고, 실행력이 좋아 결과를 잘 내지만, 팀원들은 그러지 못하는 경우가 대부분이다. 그때마다 지적하고 화를 내면 일은 시간에 맞춰 될지는 몰라도 그 사람과 다시는 일하지 않게 된다. 결국, 이뤄냈던 것 또한 의미가 없어지는 경우가 많다.

내 탓 마인드는 어떻게 보면 참고, 참고 또 참으란 말로 들린다. 그렇지 않다. 내 탓 마인드는 상황을 냉정하게 받아들이게 만들어준다. 그리고 책임자가 내 탓으로 정해졌기에 문제를 바로 볼 수 있는 상황이 된다. 결국 내 실력이 올라가고, 나를 살리는 길이다. 성공자들은 그래서 참 인내심이 크고, 깊다. 웬만한 큰일이 아니면 놀라지도 않는다. 평정심을 유지하고 세상을 바라본다. 모두 시크릿 마인드인 '내 탓'을 실행하며 살아온 삶의 결과라고 생각된다.

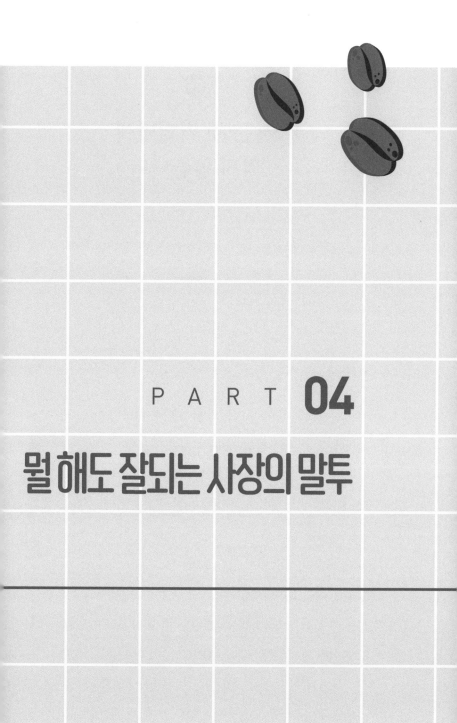

PART **04**

뭘 해도 잘되는 사장의 말투

# 01

# 저는 제 커피밖에
# 먹지 않습니다

"커피로맨스 커피를 못 먹는 주말이 너무 힘들어요."

"입맛에 맞는 카페 찾는 게 더 귀찮아서 그냥 인스턴트 커피로 버텨
요!"

월요일이면 손님들에게 자주 듣는 말이다. 그런 말을 들을 때면 나도
늘 같은 대답을 한다.

"저도 제 커피밖에 먹지 않습니다."

그 말을 하고 나면 어김없이 서로 웃는다. 일본의 베어폰드 커피의
대표는 커피 다큐멘터리에서 "커피는 마약이다"라고 말했다. 나는 그
의 말에 백번 공감한다. 커피는 합법적인 마약과 같다는 생각이 든다.

나는 살면서 어떤 일을 3일 이상 지속해본 적이 거의 없다. 그런 내
가 카페를 10년 가까이 운영하고 있다. 게다가 최근 방탄커피(커피에 버

터와 코코넛오일을 넣어서 먹는 건강음료)를 3년째 마시고 있다. 커피와 관련된 습관들은 몇 년을 지속할 수 있는 힘이 있다.

손님들도 마찬가지일 것이다. 커피로맨스의 단골들은 최소 5년 이상 되신 분들이 상당하다. 원두 납품 거래처들도 최소 3~4년 공급받은 분들의 소개로 뻗어나간 거래처들이 대부분이다. 이처럼 그들은 내 커피에 중독된 것이다. 처음부터 이런 방법을 터득했을 리가 없다. 고객들이 좋아하는 맛이 무엇일까? 내가 놓치고 있는 부분은 무엇일까? 계속해서 고민하고 개선해온 결과다.

그럼 어떻게 내 카페에 맞는 최적의 커피 맛을 선보일 수 있을까? 한국의 커피 트렌드를 무작정 따라가지 말고 내가 속한 카페 상권의 트렌드를 분석해보자. 큰 흐름을 따라가는 것은 중요하다. 흔히 말하는 대세를 따르는 것은 절대 나쁜 게 아니다. 그러나 대중들은 우리처럼 트렌드에 민감하지 않다.

2014년 카페를 준비할 때 프랜차이즈를 비롯한 대중들이 선호하는 맛은 씁쓸하고 묵직한 스타일의 커피였다. 그리고 시럽이나 크림을 듬뿍 올려 달달하게 먹는 성향의 사람들이 많았다. 아메리카노가 맛있는지 없는지를 느낄 수 있는 것은 전문가들의 영역이라고 생각하는 게 일반적이었다. 그런데 지금은 각자 가정에서 커피머신은 물론 그라인더도 구비해서 홈카페를 만들고, 웬만한 카페보다 수준이 높은 커피 라이프를 즐기는 수준이다. 이렇게 되기까지 10년 가까이의 세월이 흘렀다.

이제 내가 속한 상권의 사람들의 입맛을 분석할 수 있어야 한다. 그렇다면 어떻게 분석할 수 있을까? 상권에서 유명한 카페들을 찾아가서 먹어보자. 그리고 무엇이 좋고 나쁜지를 분석하고 보완해보자. 내 입맛으로만 분석하면 치우칠 수 있다. 단골 고객이나 지인들에게 자신이 탐방했던 카페를 다녀와달라고 부탁하고 후기를 들어보자. 다른 사람이 느낀 점과 내가 느낀 점의 차이가 분명히 존재할 것이다. 그 간극을 좁히고 예리하게 다듬는 것이 핵심이다.

커피로맨스는 거듭 말하지만 오피스 상권에 있다. 대부분 고객들은 점심시간이 되면 참새가 방앗간 들리듯 거의 매일 방문한다. 나는 이분들의 입맛에는 백반집 같은 카페여야 한다고 생각했다. 매일 집밥처럼 먹기 부담스럽지 않으면서도 신선함이 있는 커피를 만들어야겠다고 생각했다.

나의 생각은 적중했다. 그리고 해를 거듭할수록 커피의 맛을 진하게 구성했고, 진하지만 쓰지 않고, 탄 맛이 없는 그런 커피를 선보이고 있다. 그래서 갈수록 커피 사이즈가 커지고 맛이 연해지는 요즘 시대에도 살아남을 수 있게 되었다.

더 맛있는 커피 맛을 위해 어떤 노력을 더 기울여야 할까? 까다로운 커피머신의 선정, 커피 맛만큼 중요한 정수필터, 음료의 서빙 온도를 신경 쓰면 좋다. 커피머신의 경우 가격별로 선택하는 사람들이 많다. 그러나 그렇게 하면 큰코다칠 수 있다. 매장의 크기와 시간별 손님의 방문량에 따라 커피머신의 가격이 달라진다. 그리고 매장을 운영하는 직원들의 능력 수준에 따라서도 커피머신 선정이 달라진다. 커피머신 고르는 방법에 대해서 말하기 시작하면 하루로는 부족하다. 그러나 커피머신을 고를 때는 전문가의 상담과 가이드를 꼭 받기를 바란다.

우선은 내 카페를 예를 들어 설명해보겠다. 커피로맨스는 80% 이상의 손님이 11시 30분부터 1시 30분에 집중해서 온다. 그래서 2그룹보다 3그룹으로 선택했다. 3그룹이지만 전기용량을 크게 쓸 수 없어서 6KW 정도 쓸 수 있는 커피머신으로 골랐다. 3그룹으로 전기용량이 큰 커피머신은 9~11KW까지 먹는 기계도 있으니 주의해서 구매해야 한다. 손님들이 순간적으로 몰려오기 때문에 보일러 용량이 크고, 추출 온도가 보존이 잘되는 커피머신들을 찾았다. 그리고 A/S가 쉬운 커피머신들로 선택했다.

이렇게 커피머신은 조건에 맞춰 하나하나 선택하면 어렵지 않다. 그다음으로 정수기 필터 고르는 방법을 설명하겠다. 정수기 필터는 크게 두 가지 종류가 있다. 온수기, 커피머신과 같은 물을 데우는 기계에 쓰이는 정수필터와 제빙기, 일반 정수기에 쓰이는 필터가 다르다. 물을 데우게 되면 흰색의 석회질이 딱딱하게 형성된다. 일반 정수필터를 쓰게 되면 석회질이 생기는 것을 억제할 수 없다. 반드시 석회질을 억제하는 기능이 있는 필터를 써야 한다. 그 외에 찬물을 쓰는 필터는 최소 3~6개월마다 갈아주면서 깨끗하게 써주면 된다. 정수기 외에 연수기라는 필터도 있다. 커피로맨스는 커피머신에는 일반 정수필터를 정수물에는 연수기를 달아 쓴다. 맛이 깔끔하고 일반 물보다 부드럽고 고급스러운 맛을 내서 쓰고 있다.

작년까지만 해도 정수기는 일반 필터만을 써왔다. 정수필터에 따라 맛이 달라지지는 않을 거라는 이상한 믿음 때문에 그랬다. 그러나

2021년에 열린 카페 쇼에서 보니 정수필터 업체들이 상당히 다양해져서 놀랐다. 그리고 선입견을 없애고 물을 비교해서 맛봤다. 정말 맛이 달랐고 입안에 느껴지는 부드러움의 정도도 달랐다. 커피에 적용된다면 차별된 맛을 선보일 수 있겠다는 확신이 들어 시도했다. 예상대로 커피 맛이 더 고급스러워졌다.

마지막으로 커피를 마시는 손님의 첫 입에 닿는 온도를 정해보자. 무조건 뜨거운 아메리카노를 90도 물에 서빙하는 카페가 있다. 물론 온도 설정을 낮게 맞추면 물 온도가 쉽게 내려가기 때문에 높게 설정하는 게 맞다. 그러나 손님을 배려한다면 아메리카노의 물 온도는 75~80도가 적정하다. 물론 그 온도도 높게 생각하는 손님들이 있다. 그런 분들은 스스로 알아서 얼음 2~3개를 넣어달라고 한다. 이런 작은 차이 하나가 잘되는 카페로 올라서느냐 아니냐를 판가름한다.

'커피 부심'이라는 말이 있다. 커피 맛에 자부심이 있다는 말이다. 그만큼 커피 맛이 중요함을 말해주는 것 같다. 풍요 속에 빈곤이란 말이 있는데, 현 시대에는 커피 원두가 부족한 게 아니지만 내 입맛에 맞는 커피, 내 상권에 맞는 커피, 내 손님이 좋아하는 커피를 찾기가 쉽지 않다. 그래서 수많은 사장님들이 자신이 직접 볶겠다고 조그마한 커피 볶는 기계를 설치하기도 한다. 그러나 인테리어로 방치되거나 중고로 팔아버리는 사장님들이 대부분이다. 이것도 저것도 쉽지 않은 현실이다 그러나 분명한 것은 그런 내가 찾는 원두는 분명 있다는 것이다.

나 또한 카페 3년 차 즈음에는 커피 맛을 잡기가 쉽지 않았다. 하루에 수십 잔의 에스프레소를 들이키고 그 후유증으로 새벽까지 잠 못 이루기를 반복했다. 그때 나는 내가 처음 맛봤던 커피문화원의 커피를 자주 떠올렸다. 그때의 분위기와 느낌들을 상상하며 그때 그 감동을 떠올려 커피 맛을 잡았다. 카페 사장이 되었다는 것은 커피가 주는 감동을 느꼈기 때문일 것이다. 그 맛을 좇아가면 된다. 처음부터 다시 돌아가 시작해보면 분명히 길이 보일 것이다.

# 02

# 커피는 죄가 없다

나는 경북 상주에 살았던 적이 있다. 대학 때문에 처음으로 지방에 살아본 것인데, 처음 독립적으로 살게 된 시기였다. 대학시절 때 커피를 알게 된 후 주변에 유명한 카페가 있다는 것을 알게 되었다. 이름은 그냥 커피가게다. 그 카페는 건물 1층에서 커피를 볶고, 작은 간판이 있는 옆문을 따라 20여 개 남짓 되는 높은 계단을 올라가면 매장이 나온다. 주변에 상권은 거의 없고, 주차장도 없다.

나는 그 카페를 한 달에 두세 번은 꾸준히 갔다. 원두가 떨어지면 어김없이 들러 신선한 원두를 샀다. 갈 때마다 핸드드립을 먹거나 커피가게만의 독특한 메뉴들을 먹었던 기억이 난다. 커피가게 사장님은 장발의 남자분이었다. 원두 납품을 주로 하시는지 매장에서는 거의 볼 수 없었다. 매장은 여러 뮤지션의 포스터와 큰 스피커, 고풍스런 가구들이

즐비했다. 1980~1990년대의 세련된 음악다방 같은 느낌이라고 해야 할까? 사실 나는 그 시대를 경험하지 못해 잘은 모르지만, 영화에서 본 기억을 떠올리면 비슷한 분위기였다.

나는 요즘도 이 카페가 가끔씩 떠오른다. 공기 좋은 곳에 갈 때면, 마트에 진열된 곶감을 볼 때면 떠오른다. 모르는 분들을 위해 설명하면, 상주는 곶감이 정말 유명하다. 대부분 도시의 가로수가 은행나무라면, 상주는 대부분 가로수가 감나무였던 것으로 기억한다.

요즘도 가끔 카페 운영이 힘들다는 사장님들의 말을 들을 때면 상주의 그 커피가게가 생각난다. 커피는 죄가 없다. 내 카페가 안되는 건 커피를 돋보이게 하지 못했기 때문이다. 카페가 많아져서 힘든 게 아니다. 누가 봐도 뻔한 카페를 차려놓고 손님이 안 온다고 칭얼대지 말자.

내가 상주의 커피가게를 이용했을 시기는 2010년 초반이다. 당시 나는 제대한 지 얼마 안 되어 그때까지도 믹스 커피와 원두 커피의 맛을 구분하지 못했다. 아메리카노를 먹을 줄도 몰랐다. 20대가 말이다. 그런 당시에도 상주라는 작은 도시에서 원두 납품까지 하고 있는 카페가 있었다. 자신을 돌아봐야 하지 않겠는가? 어쩌면 안되는 이유를 찾아 내가 하는 모든 말은 평계일지도 모른다.

커피 관련 책이 쏟아져 나올 때가 있었다. 그때 한국 국가대표 바리스타가 쓴 책에서 본 것으로 기억하는데, 책과 저자 이름은 명확하게 생각이 나지 않고 에피소드만 기억이 난다. 당시 그 바리스타는 휴게소에 들러 커피를 주문했다고 한다. 계산을 하고 커피가 나오기를 기다리면서 카페 직원이 추출하는 모습을 보고 경악을 금치 못했다. 보통 커피를 주문하면 그라인더의 전원을 켜고 커피를 갈아내기 마련이다. 그러나 그런 동작은 전혀 없었고 직원이 바로 추출 버튼을 누르자 콸콸 쏟아지는 에스프레소를 보고 진땀을 흘렸다고 한다. 지금까지 그 버튼을 몇 번이나 눌러 추출을 해왔는지 알 수 없었기 때문이었다. 누구도 나에게 커피 맛이 좋은 휴게소를 추천해준 사람이 없다. 이유는 안 봐도 짐작이 간다. 맛있을 수 없는 환경이기 때문이다. 물론 모든 휴게소가 여러 번 추출을 한다는 뜻은 아니니 오해하지 말기 바란다. 다만, 커피도 음식이기에 정성을 쏟은 만큼만 맛있는 것은 확실하다.

휴게소의 커피는 모두 다 맛이 없지 않냐고 생각할 수 있다. 그러나 나는 절대 동의할 수 없다. 그런 생각 또한 핑계다. 호두과자 하면 어디가 생각나는가? 당연히 천안이다. 천안휴게소에 들러 호두과자를 사서 먹어본 사람은 알 것이다. 질이 다르다. 분명히 넉넉히 먹을 만큼 사서 집에 와도 또 먹고 싶은 품목 중 하나가 호두과자다. 왜 천안 호두과자는 다를까? 맛이 좋아 회전율이 빠르니 언제나 따끈따끈하게 생산되어서 그런가? 그럴 수도 있다. 아니면 회전율이 빨라져서 맛있다고 소문이 난 것인가? 순서가 어떠하든 말이 된다. 나는 전자가 맞는 것 같다. 천안의 명물로 소문이 나기까지 정성을 다한 것이다. 확인해보지 않아서 정확히는 모르지만, 노하우가 있는 것이다. 그러나 누군가는 이렇게 말할 것이다.

"요즘은 반죽도 다 공개되어 있어서 전국의 휴게소가 다 같은 걸 쓰는데 뭐가 다를까요?"

그럴 수 있다. 충분히 동의 가능하다. 그러나 같은 레시피와 재료를 줘도 결과물이 다 다르게 와닿을 수 있다. 그래서 세상이 재미있는 것이다. 그리고 설령 전국 휴게소에서 쓰는 재료와 레시피가 같아도 굽는 시간, 손님 응대, 사람이 몰리는 시간의 데이터, 사람들이 호두과자 가게 앞으로 줄 서는 것이 잘 보이게 설계하는 것 등 각각의 디테일은 다르다.

일전에 한 휴게소에서 호두과자를 주문할 때 일이다. 지방에서 서울로 올라올 때 너무 졸려 처음 들어본 휴게소에 들렀다. 나는 원래 좋아하는 휴게소가 몇몇 있기 때문에 그곳에서만 쉰다. 그러나 사고가 날 것 같아 그때는 급하게 들어갔다. 잠깐 잠을 자고 화장실에 갔다가 호두과자를 샀다. 그런데 맙소사! 전기밥솥에 보온되어 있던 호두과자를 주는 게 아닌가? 순간 환불이라는 단어가 혀 끝까지 올라왔지만, 그 아주머니는 이미 밥솥 뚜껑을 힘껏 닫으며 쏜살같이 봉지를 건넸다. 커피는 죄가 없다. 호두과자도 죄가 없다. 다시는 먹고 싶지 않게, 발도 들이기 싫게 만드는 사람의 태도가 죄다.


나이가 들어서인지 요즘은 소화가 안 될 때가 많다. 물론 많이 먹어서 그런 것이다. 그럴 땐 소화제도 탄산수도 소용이 없다. 무조건 움직여야 한다. 산책을 한참 하다 외진 곳에 새로 생긴 카페가 있어 들렀다. 3~4평 남짓의 작은 카페였다. 에스프레소를 시켰는데, 2초 정도 정적이 흐르더니 핸드드립이 어떠냐고 추천하셨다. 부담을 드린 것 같아 죄송했지만, 핸드드립이 더 자신 있다는 느낌을 받아 브라질 싱글오리진을 시켰다. 그 카페는 10년 이상 된 로스터리 카페에서 원두를 전부 받아 쓰는 카페였다. 그리고 원두 납품 회사는 1억 원이 넘는 커피 로스터기를 갖고 있기도 하고 농장 직거래도 소량하고 있기에 싱글오리진은 먹을 만할 것이라고 생각했다. 브라질은 특색 없이 내리면 그냥 보리차가 되기 쉽다. 특색이 없을 수 있는 커피여서 농도를 잘 맞춰야 한다. 그러나 그만큼 쉬운 커피기도 하다.

커피가 나왔다. 물 온도는 핸드드립이라고 믿을 수 없을 정도로 뜨거웠다. 지금 생각해보면 핸드드립을 추출하고 뜨거운 물로 희석한 것 같다. 어떤 맛을 느껴야 하는지도 모르겠고, 뭘 느낄 수 있는지도 알려주지 않았다. 그냥 주문대로 내렸으니 마셔라는 태도였다. 나는 이렇게 외진 곳에 어떻게 카페를 오픈하게 되었는지 이유를 물었다. 그리고 상권의 어떤 장점이 있어서 이곳에 오게 되었는지도 물었다. 특별한 이유는 없었고, 사장님의 느낌과 그저 자신이 편한 공간을 찾아 온 것 같았다.

다시 말하지만 커피는 죄가 없다. 손님의 입맛에 맞춘 커피를 내놓으려는 노력을 하지 않고, 그냥 형식에 맞추기 급급한 태도가 죄다. 원두를 공급하고 있는 카페의 원래 커피 맛을 잘 알고 있었던 나는 십분의 일도 흉내내지 못하고 있는 그 카페가 너무 아쉬웠다. 어떠한 임팩트도 없어 버틸 수조차 없을 것 같아 안타까웠다. 사장님이 커피 원두가 문제라고 말할까 걱정된다. 문제는 그게 아닌데 말이다.


나는 지금까지 장비에 쏟아부은 돈이 최소 1억 원은 넘는다. 1억 원의 돈을 모으지도 못한 내가 쓰긴 엄청 썼다. 지금은 젊은 날의 미친 짓이었다고도 생각하지만, 후회는 절대 없다. 그 덕분에 나의 색깔을 확실히 알게 되었으니 말이다.

이렇게 돈을 쏟아부은 이유가 좋은 머신을 쓰고 있다는 자랑, 허세일 거라고 생각할 수도 있다. 없다고는 말하지 않겠다. 그러나 정말 맛이 달라서 선택한 부분도 있다. 7~8년 전 라마르조꼬 본사에서 내 커피를 시음한 적이 있다. 당시 한국의 최상위 머신은 단연 스트라다 EP 3그룹 뿐이었는데, 내가 원하는 대로 압력을 변화시켜 맛볼 수 있었다. 그때 내 커피를 먹고 의심했다. 매장에서 테스팅 때 먹었던 느낌과 전혀 다른 커피가 나온 것이다. 추출을 하면서 내 커피가 갖고 있는 단점을 보완하고, 장점을 극대화할 수 있음을 알게 되었다. 그때부터 왜 라마르조꼬가 인기 있는지 알게 되었다.

지금은 무조건 비싸고 좋은 에스프레소 머신과 로스터기에 목매지 않는다. 매장에 적합한 머신을 찾는 데 오히려 집중한다. 좋은 머신을 고를 때는 그만한 이유가 있는지 따져보고 고민하게 된다. 아주 조금이지만, 철이 든 것이다.

긴 이야기가 되었지만, 결론을 말하면 커피는 절대 죄가 없다는 것이다. 내가 잘 추출하지 못하는 것이다. 인정할 것은 인정하자. 내 커피의 장점을 극대화할 수 있는 방법을 모르는 내 무지를 탓해야 한다. 손님의 입에 맞는 커피를 못 찾은 나, 그리고 손님을 단골로 만들지 못하는 친화력이 없는 나를 탓해야 한다. 커피는 절대 죄가 없다.

# 03

# 당신의 말투에서
# 단골은 완성된다

사람마다 자신만의 독특한 말투가 존재한다. 말투란 무엇일까? 사람마다 갖고 있는 말의 버릇과 형태를 말한다. 버릇과 말의 형태들이 모여 그 사람을 이룬다. 공손하고 친절한 말투를 사용하는 사람이 있는가 하면, 툭툭 자기 속의 감정을 그대로 내뱉는 사람도 있다. 어떤 말투가 됐든 우리는 각자 익숙한 방식의 말투로 살아간다. 서로의 말투가 잘 맞는 사람이 있는가 하면 만나기만 해도 말투가 거슬려 싸우는 사람들이 있다. 나는 카페를 운영하면서 말투가 얼마나 중요한지 해를 거듭할수록 느끼면서 살아가고 있다. 그리고 잘되는 사장님들의 말투와 그렇지 않은 사장님들의 말투가 존재함을 알게 되었다.

카페와 네트워크 마케팅 사업을 병행했을 때의 일이다. 카페 사장님하다가 생애 처음으로 세일즈를 하게 되었다. 매일 편한 운동화와 셔츠, 또는 티셔츠만 입고 5년 가까이를 살아온 내가 몸에 딱 맞는 맞춤 정장을 입고, 넥타이를 매고, 그 딱딱한 구두를 신고 고객을 만나기 시작했다. 처음 몇 달은 적응하기도 정신이 없었다. 그리고 실적보다는 배우는 데 초점을 맞췄다. 시간이 흘러 점점 익숙해지고 습관이 형성되어갔다. 그러나 실적은 익숙함에 비해 나아지지 않았다. 처음에는 아무것도 몰라서 그렇다 치더라도 아는 것은 많아지는데 실적은 계속 나쁘기만 하니 답답했다.

나보다 먼저 사업을 시작한 선배에게 도움을 요청했다. 흔쾌히 도움을 주시기로 하고 대화를 나눴는데, 선배의 가르침은 간단했다. 고객과의 대화 내용을 녹음해서 들어보라는 것이었다. 그리고 고칠 점을 찾아 수정한 뒤 다시 고객에게 시도해보라고 했다. 나는 그날 이후 사람을 만나기전에 녹음 준비를 해서 대화를 모두 녹음한 후 듣기 시작했다. 그리고 미팅 후에는 녹음된 나의 목소리와 고객의 목소리를 듣기 시작했다. 녹음된 대화 내용을 듣는 것은 생각보다 어려웠다. 녹음된 내 목소리를 듣는 것이 너무나 어색하고 고통스럽기까지 했다. 그리고 대화한 내용을 들으며 다시 고객과의 만남을 복기하고, 긴장된 순간을 다시 느끼는 것도 어려웠다.

그래도 녹음된 내용을 들으며 나의 단점을 고쳐나가기 시작했다. 녹음된 내용을 들으면서 크게 깨달은 점이 하나 있다. 내가 한 말의 의도를 상대는 다르게 느낄 수 있겠구나 하는 것이었다. 예를 들면 나는 상대가 하는 말에 호응한다는 의미에서 "아", "응", "와", "대박!" 등의 추임새를 많이 넣었다. 대화 중에 적절하게 넣었다고 생각했지만 녹음을 통해 들려오는 추임새들이 생각보다 많고 톤이 너무 높았다. 상대가 느끼기에 '이 사람 너무 오버하네?'라는 생각이 들 수 있을 것 같았다. 또는 '너무 과하게 호응하는 게 이상한데? 뭔가 호감을 얻으려고 하는 것은 아닐까?' 하는 의심을 불러일으킬 수 있겠다는 생각이 들었다. 녹음해서 다시 듣지 않았다면 절대 생각하지 않았을 주제였다. 그 외에도 내가 알아채지 못한 내 말투는 또 얼마나 많을까? 말투는 다른 어떤 특별한 것이 아니라 내 생각 그 자체를 의미하는 것이다.

사업을 하면서 수많은 책을 추천받았다. 그리고 수많은 성공스토리를 분석했다. 그리고 성공자들의 강연을 들어왔다. 그들이 지속적으로 말하는 주제 중 빠지지 않는 주제가 '생각을 바꿔라'다. 생각이 바뀌지 않으면 행동이 바뀌지 않고, 행동이 바뀌지 않으면 습관이 바뀌지 않고, 습관이 바뀌지 않으면 인생이 바뀌지 않는다고 했다. 생각의 차이에서 지금의 내가 누리는 사업의 크기가 차이가 난다. 그리고 통장의 잔액도 차이가 난다. 생각이 말투라고 했고, 앞서 잘되는 사장님들의 말투와 그렇지 않은 사장님들의 말투가 있다고 했다. 그렇다면 잘되는 사장님들의 말투는 도대체 무엇이란 말인가?

사장님들의 잘되는 말투를 세 가지로 나눠서 말해보겠다. 첫 번째 그들은 긍정적인 말투를 사용한다. 나는 긍정적인 마인드와 말투가 왜 그렇게 중요한지 알지 못했다. 왜냐하면 무조건 좋게 해석하고 긍정적으로 바라보면 혹시라도 다가올 암울한 미래를 대비할 수 없는 것은 이닐까 하는 생각에서였다. 무조건 잘될 거라는 생각만 해서 사업을 확장하거나 무리한 도전을 하게 되면 안 되지 않는가! 그러나 긍정에 대한 생각을 오랫동안 해오고, 긍정적이며 성공한 사장님들을 만나면서 생각이 많이 바뀌었다. 그리고 오해도 풀렸다.

무조건 좋은 면만 보는 것이 긍정이 아니다. 아집이고, 고집이 있는 것이지 긍정이 아니다. 긍정의 마인드란 불행한 일을 당하면 그 상황에서도 이겨낼 부분을 찾아 다시 행동할 수 있도록 나를 격려하는 것이다. 또는 좋은 일이 가득한 상황이라면 긍정적으로 살아온 날들에 대한 보상이라고 생각하며 기쁜 마음으로 미래를 준비하는 것이 긍정이다. 긍정은 교만하지 않게 해준다.

카페뿐만 아니라 자영업을 하다 보면 매출이 저조해서만 폐업을 하는 게 아니다. 손님과의 불화, 직원과의 소통 문제, 주위 상가 주인과의 다툼 등 장사 외적인 부분들도 존재한다. 그런 문제들은 대부분 내가 해결할 수 없는 부분들도 많다. 그러면 시간을 두고 천천히 해결점을 찾아나가야 한다. 해결될 때까지 끝까지 나를 끌고 나아가야 한다. 말 그대로 버텨내는 수밖에 없다. 그러면 어떻게 버텨야 할까? 나를 다독이며 좋은 방향으로 해결될 것임을 믿고 긍정의 말을 해줘야 한다. '지난 번 상가 재계약도 잘 해결했잖아. 이번 문제도 해결점을 찾을 수 있을 거야!'라고 스스로를 일으켜 세워주는 말을 할 수 있어야 한다.

두 번째, 잘되는 사장님들의 말투에서는 스스로 한계를 두지 않는다. 대부분의 경우 한 곳의 카페로 시작한다. 작게 시작하는 경우가 대부분이고, 동네 한편에 자리하고 있다. 그렇게 몇 년 장사를 하다 보면 느끼게 된다. 카페 하나도 운영하기 급급한데 어떻게 더 많은 돈을 벌 수 있을까 하며 자신의 한계를 느끼는 것이다. 나도 그런 한계를 수도 없이 느꼈고, 좌절할 때도 많았다. 그리고 3년을 넘겨서야 깨달았다. '나의 매출은 이미 최대치를 하고 있는 것 같고, 나는 이 매출로는 겨우 밥 먹고 살 정도밖에 안 되는데 어떻게 하면 좋을까?' 하고 좌절하게 되는 것이다. 그러나 정말 그럴까? 나의 매출은 한계에 도달했을까? 겨우 밥 먹고 살 정도에 그치게 될 것인가? 누구도 정해주지 않았고, 정해지지도 않은 사실을 스스로에게 계속 말하고 있는 것이다.

절대 아니다. 그렇게 생각하고 내뱉는 말들이 쌓이고 쌓여서 나를 만들어갈 것이다. 한계를 정하고 결론도 정해놓은 상태에서 삶을 산다면, 그런 생각과 말투를 고치지 않는 이상 제자리에서 맴돌 뿐이다. 앞으로 나에게는 한계가 없다고 선포하며 살아라. 한계는 없다. 지금 한 개의 매장을 운영하고 있다면 두 번째 매장도 가능하다고 말하는 습관을 들이자.

마지막으로 세 번째, 잘되는 사장님의 말투에는 질문하는 습관이 있다. 사람들은 생각보다 질문을 많이 하지 않는다. 질문하지 않고 스스로 생각하고 결론을 내려버린다.

"왜 그렇게 되는 거예요?"라고 되묻지 않는다. 나 또한 전형적인 질문이 없는 사람이었다. 어떤 현상에 대해 파고들어 질문하는 성격이 아니고, 그다지 궁금하지도 않으며, 물어보고 싶지도 않다. 궁금한 게 있다면 스스로 찾아보고 결론을 내리는 성격이다. 그래서 발전이 없었다는 것은 나중에 알았다. 성공하는 사람들은 하나같이 '질문쟁이'들이다

'왜 이런 맛이 나는 걸까?'

'왜 내 매장에는 손님이 없는 걸까?'

'손님이 더 오게 만들려면 나는 어떤 행동을 해야 하지?'

끊임없이 생각하고, 스스로에게 또는 직원들에게 계속 질문을 던지고 답을 찾기 바쁘다. 다양한 질문을 던지며 살아가기 때문에 그들에게는 정답이 주어지는 것이다. 질문하지 않으면 답 또한 주어지지 않는다. 그냥 문제 안에서 살아가는 것이다.

앞으로 우리의 성공은 말투에 달렸다. 즉, 생각에 달려 있다는 것을 명심하자. 생각을 바꾸지 않으면 단골도 없고, 성공도 당연히 따라오지 않을 것이다.

# 04

# 말투 하나
# 바꿨을 뿐인데

"세 살 버릇 여든까지 간다"는 속담이 있다. 어린 시절 습관이 평생 이어진다는 말이다. 청소년 때 이 속담은 그저 좋은 습관을 가지고 살라는 교훈으로 여겨졌다. 그러나 30대 중반을 넘은 지금의 시점에서 돌아보면 인생의 성공과 실패를 나눌 중요한 교훈이라고 느낀다.

사람은 아침에 일어나 잘 때까지 행동한다. 행동은 곧 그 사람의 의식의 발현이다. 의식은 무의식과 의식으로 나뉜다. 의식은 현재 내가 느끼고 반응하는 것이고, 무의식은 반대다. 느껴지지 않음에도 우리의 행동을 지배하는 영역이 무의식이다. 의식과 무의식을 통해 우리는 행동한다. 그렇다면 행동은 어디에 지배를 받고 살아갈까? 현대 연구에 의하면 무의식을 통한 행동이 대부분이라고 말한다.

예를 들어 운전을 하는 자신을 생각해보자. 운전면허를 취득하고 머칠 안 되었을 때는 온몸이 긴장한다. 브레이크와 엑셀의 위치를 의식해서 밟아야 할 정도로 조심하고 또 조심한다. 그때는 5분 거리에 있는 마트에 갈 때도 온몸에 힘이 잔뜩 들어간다. 모든 감각이 안전운전을 위해 총동원된다. 의식이 행동을 지배하는 기간인 것이다. 그렇게 시간이 흘러 1년이 지나면 어떻게 되는가? 운전은 자연스러워진다. 퇴근길에 운전하면서 집에서 무엇을 먹을지 고민도 한다. 노래도 듣고, 크게따라 부르면서 시속 100km 이상 달리는 것은 이제 일도 아니다. 익숙해지면서 운전에 대한 기능이 의식에서 무의식의 영역으로 들어갔기때문이다. 운전과 같이 사람은 의식적으로 행동하다가 어느새 무의식으로 모두 옮겨간다. 익숙해지기 때문이다. 그러나 여기서 문제가 되는것은 좋은 습관뿐 아니라 나쁜 습관도 무의식에 들어가 우리를 지배한다는 사실이다.

나는 카페 운영뿐만 아니라 삶에서의 성공에 있어 핵심과제는 무의식을 어떻게 관리하느냐에 달려 있다고 확신한다. 그렇다면 어떻게 무의식을 바꿀 수 있을까? 한 번에 하나씩 매일 실천하는 것이다. 무의식도 의식이다. 하루아침에 쌓인 것이 아니다. 모두 오랜 세월 속에서 쌓이고 쌓여 나를 만들어왔던 것이다.

오늘부터 결단하기 바란다.

"나는 오늘부터 변화한다. 변화한다. 변화했다!"

"나는 오늘 점점 더 나아지고 있다."

"나는 어제보다 더 성장했다."

긍정적인 말과 발전할 수 있는 가능성이 충만한 사람으로 자신을 인정해보길 바란다. 나는 가끔 네이버의 커피 관련 카페에 들어가서 글을 본다. 안타까운 사연들을 접할 때면 나도 마음이 아프다. 오후 3시가 되어도 손님 한 명 받지 못한 사장님들의 사연이 이에 속한다. 얼마나 속상할까? 점심때를 훌쩍 넘기고 식사를 하셔야 할 시간인데 사장님은 밥을 넘기지 못할 정도로 속상하고 슬플 것 같다는 생각이 든다. 그렇지만 이런 시간들은 어떤 사람에게든 닥칠 수 있다. 형태는 다르지만 반드시 찾아온다. 그럴 때 평소 의식적으로 긍정적이고 발전적인 말을 스스로에게 해왔던 사장님들은 어떨까? 손님 한 명 받지 못하고 오후 3시를 넘기는 상황에서 그런 사장님들은 이렇게 생각할 수 있지 않을까?

'오늘은 공부하고 연구하는 날이구나! 손님이 연구하라고 일부러 오지 않으시네! 평소 못 읽은 책을 다 읽고 더 맛있는 커피를 준비해야지!'

정말 그렇게 생각할 수 있냐고 되묻는 사람도 있을 것이다. 그렇게 되묻는 사장님은 낙담하고 신세를 한탄하는 습관이 무의식에 박혀 있는 것이다.

또 어떤 분들은 이렇게 되묻는다.

"그렇게 생각한다고 안 오던 손님이 더 올까요? 더 나아질까요?"

물론 누구도 장담할 수 없다. 긍정의 말로 살아도 망할 수는 있다! 긍정의 말을 통해서 무조건 성공한다고 어떻게 말할 수 있을까? 그러나 낙담하고 패배자의 생각만 하고 아무것도 하지 않으면 아무런 일도 일어나지 않는다. 하지만 나를 다독이고 무엇인가 작은 행동들을 해나간다면 그 가능성이 조금은 높아지지 않을까? 손님이 없을 때 평소 하지 못했던 청소라도 해놓는다면 어떨까? 손님이 오랜만에 왔다가 달라진 카페를 본다면 어떨까? 성공한 카페들은 이런 식으로 성공의 단계를 하나하나 밟아 성장한 곳이다. 처음부터 잘나서 된 곳은 그렇게 많지 않다. 그런 카페들도 존재하겠지만 오래가지 못했다.

다음으로 즉시 행동으로 실천해보라는 말을 하고 싶다. 네트워크 마케팅을 할 때 배운 가장 기억에 남는 교훈이다. 누군가에게 전달해야 할 물건이 있거나 메시지가 있다면 즉시 전하는 것이다. '지금 하고 있는 일을 정리한 다음에 연락해서 알려줘야지' 하고 생각하면 잊어버리는 일이 생길 수 있다. 성공한 사람들은 하나같이 행동이 민첩하다. 급한 성격의 소유자라고 취급받기도 하고, 지금 생각이 난 것을 하지 않으면 못 견디는 사람들이다. 그래서 성공하는 것이다.

생각만큼 쉽지 않은 습관이다. 대부분 즉시 행동을 하기보다 생각만 하고 잊는 것에 익숙하다. 그리고 나중에 자신은 생각 속에만 머물던 아이디어를 행동으로 옮겨 성공한 사람들을 보며 아쉬워한다. 그리고 한마디를 덧붙인다.

"나도 저런 생각을 했었는데!"

그리고 스스로를 대견하게 생각한다. 자신도 성공자의 생각과 비슷하다고 여긴다. 이런 사람들은 성공할 확률이 희박하다.

커피로맨스 매장은 골목 안쪽에 위치해 있기 때문에 거리에서 바로 보이지 않는다. 그래서 우연히 들어온 손님들이 밖에 카페 소개 배너를

놓으면 알아차리기 쉬울 것 같다고 말했다. 손님이 유입될 수 있는 좋은 아이디어였다. 그러나 나는 제작하는 게 귀찮아 바로 만들지 않았다. 더구나 예전에 만들었던 배너들이 바람에 날려 돌아다녔던 것도 생각나서 오히려 지저분해 보일 거라고 생각해 제작하지 않았다. 그러다가 '정말 그럴까? 지저분해질까?'라는 생각이 머릿속을 스쳤다. 해보지 않고 찾아보지 않았으니 한번 알아볼까 하는 생각이 들었다. 즉시 행동으로 옮겼다. 디자인과 제작은 대행업체에 저렴하게 맡길 수 있는 사이트가 있어서 5분도 채 걸리지 않았다. 그리고 요즘은 바람에 날리지 않도록 통풍이 되는 배너를 판매하고 있었다. 10분 만에 매장을 소개하는 배너 제작이 완료되었다. 손님의 조언대로 제작된 배너를 달고 유심히 지켜보았다. 감사하게도 새로운 손님들이 매일 2~3명씩은 늘어났다.

즉시 행동하는 게 답이다. 행동했다가 아니면 수정하고, 더 좋은 행동을 하면 된다. 하다가 소용이 없으면 앞으로 하지 말아야 할 일로 판별해나갈 수 있으니 좋은 경험이 된다. 손해 볼 것이 없다.


마지막으로 남이 해주기를 바라지 말고 스스로 행동하는 습관을 가져보자. 제일 안타까운 직원의 유형은 시키는 일만 하는 직원이라고 생각한다. 시키는 일이라도 잘하는 게 어디냐고 생각할 수 있다. 그러나 이렇게 시키는 일만 하다 보면 수동적으로 행동하고, 스스로 생각하기 어렵다. 수동적인 사람들은 삶의 주체가 외부에 있다. 스스로 행동하고, 성취하는 삶이 아니면 절대 행복해질 수 없다.

새로운 인연을 만나고 싶은가? 사업에 필요한 파트너를 만나고 싶은가? 새로운 커뮤니티에 들어가 그런 사람이 있는지 찾아보면 되지 않을까? 그게 기다리는 것보다 훨씬 빠르지 않을까? 그렇다. 행운이 필요하면 행운을 찾아 나서면 된다. 성공하고 싶은 사람이 먼저 행동하고, 성공을 찾아 나서야 한다. 어느 날 갑자기 성공이 찾아와 나를 성공시켜주는 것이 절대 아니다.

오늘부터 잠재의식에 조금씩 변화를 주려고 노력해보라. 오늘부터 즉시 행동으로 실천해보라. 사소한 것이라도 상관없다. 쓰던 물건을 제자리에 놓는 것으로 시작해보는 것도 아주 좋다. 마지막으로 남이 해주기를 바라지 말고 내가 행동해서 성공을 쟁취하라. 내가 행동하면 성공을 쟁취할 수 있음을 확신하고 부딪혀보라. 성공은 멀리 있지도 않고 불가능한 것도 아니다.

# 05

# 뭘 해도 잘되는
# 사장의 말투

작년부터 서점에는 '말투'라는 단어가 붙은 책 제목들이 많이 보인다. 최근에 말투에 관련된 책들이 쏟아져 나오는 이유가 무엇일까? 이런 현상에 대해 나는 한국 사람들이 좋은 말투에 대해 배워본 적이 없어서 그렇다고 생각한다. 우리는 초, 중, 고등학교 12년을 거쳐 대학교와 대학원까지 다니기도 한다. 어떻게 성적을 올리고 좋은 학교에 갈 것인가를 배우거나 전공에 대해서 깊게 공부하지만, 무엇을 위해 이렇게 긴 시간 동안 공부했는가? 취업을 위한 배움이었다. 여기 어디에도 살아가는 데 도움이 되는 말투에 대한 공부는 없다. 이런 생활을 거의 20년 넘는 세월 동안 하고 사회에 나왔다. 사회 즉, 직장생활을 하면서 모두 느낀다. 자신이 배운 것만 열심히 써먹으면서 인정받는 곳이 아니라는 사실을 말이다. 사람들과의 좋은 관계가 먼저 형성되어야 하고 그 후에 자신의 능력을 펼쳐야 인정받을 수 있는 곳이다. 이런 사회 속에서 관계의 어려움을 겪는 많은 이들에게 말투 관련 책들이 도움이 되고 있는 것 같다.

그러나 나는 조금 부족하고 아쉬운 느낌이 든다. 내가 부족하다고 느끼는 이유는 무엇일까? 대체적으로 말투 관련 책들은 직장인이 타깃이거나 부모와 자녀의 관계를 다룬 내용들이 대부분이다. 나는 자영업자들을 위한, 더 구체적으로는 사장님들을 위한 실질적인 말투 관련 책이 나오길 바라는 마음이 크다. 왜냐하면 가족이나 직장에서의 관계는 매일 마주치는 사람들이 중심이다. 오늘 아쉬워도 내일 만회할 수 있는 시간의 여지가 있다. 그러나 우리 사장들은 그렇지 못하다.

사장들은 고객의 주문을 받고 서빙해주는 짧은 1~2분의 시간 동안 소통이 되지 않으면 손님을 놓칠 수 있다. 다시는 그 손님을 못 볼 수 있는 것이다. 그에 따른 심리적인 재정적인 손해가 누적되면 카페 운영이 많이 어려워진다.

이런 의미에서 나는 사장님들에게 도움이 되는 말투에 대한 이야기를 하고 싶다. 몇 번 이야기했지만, 나는 2년 동안 네트워크 마케팅을 하면서 말투에 대한 직능이 매우 많이 늘었다. 수치로 나타낼 수 없지만, 처음 만난 고객과 전혀 어색함 없이 이야기를 할 수 있는 정도는 충분히 된다. 이런 모습을 다른 고객들이나 직원, 또는 아내가 보면 당신은 원래 잘하는 사람이라고 말할 때가 있다. 전혀 그렇지 않다. 나는 철저하게 훈련된 것이라고 생각한다.

네트워크 마케팅을 할 때 나는 고객과 일대일로 마주 앉아 이야기하는 게 그렇게 힘들었다. 카페를 5년 넘게 운영해온 상황에서 세일즈를 하는 것이었기에 자신이 있었지만, 카페에서 커피를 판매하는 것과 다른 가게를 방문해 물건을 파는 것은 전혀 달랐다. 대부분의 사람들은 문을 열고 들어가 사장님 눈과 마주치면 그냥 나와버린다. 너무 떨리기 때문이다. 그런 과정을 거치다 대부분 그만두는 게 세일즈다. 어떤 사람은 들어가서 울고 나오는 사람도 있으니 이 과정이 얼마나 어려운지 겪어보지 않은 사람은 모른다.

나라고 별반 다르지 않았다. 그러나 극복해야만 했다. 카페에서의 수익으로는 한계가 있던 때여서 세일즈에서 수익을 더 내야 하는 상황이었다. 그리고 잘해내고 싶었다. 시간이 갈수록 나는 각오를 단단히 했다. 방문해서 사람들과 만나 이야기한 모든 것을 녹음해서 듣고, 고치기를 반복했다. 그리고 녹음한 것을 선배 사업자에게 공유해 코칭도 여러 번 받았다. 그때마다 내가 보지 못한 나의 잘못된 습관을 지적받고 고쳐나갔다.

이러한 훈련 과정을 통해 세일즈를 하면서 나의 가장 큰 약점을 발견했다. 상대방의 생각을 알아내지 못하는 것이다. 흔히 말하는 고객의 니즈(Needs)를 잘 파악하지 못했다. 세일즈에서는 이 능력이 없으면 정말 치명적이다. 카페에 적용해서 생각해보면 이런 것이다. 손님이 어떤 종류의 음료를 먹고 싶은지도 모르는 상태에서 음료를 만드는 상황이랄까? 그만큼 중요한 기능이 니즈 파악이다. 아직도 이 부분이 나는 제일 어렵다.

나는 왜 니즈를 파악하는 게 제일 어려웠을까? 정말 많이 생각했던 주제인데, 이유는 간단했다. 나는 사람과 대화를 주고받는 스킬을 배운 적이 없다. 나뿐만 아니라 현대인들은 일상을 살아가면서 매일 낯선 사람과 대화를 나눌 상황이 거의 없다. 게다가 상대의 니즈를 파악하기 위해 끌어내는 화법을 배울 필요도 없이 서로의 마음을 주고받는 사람들과 많은 관계를 맺는다. 특별히 세일즈를 하지 않는 이상 말이다. 그러니 한 번도 해본 적 없는 기술이다. 그러나 이것만이 이유는 아니라는 사실을 네트워크 마케팅을 하면서 알게 되었다. 나는 상대의 니즈를 알기 위해 노력을 한 적이 없었다. 그리고 상대의 말을 들으려고 하지도 않았다는 것 또한 알게 되었다. 그래서 나는 고객과 대화하는 게 다른 사람들보다 더 어려웠던 것 같다.

나는 사장으로 원두 영업을 하면서 나와 같은 실수를 하는 사람들을 많이 접한다. 소통을 잘하지 못하는 사장님들 말이다. 왜 이들은 예전의 나처럼 소통을 잘하지 못하는 것일까? 이유는 간단하게도 그들이 기술자로서의 마인드로 살아가기 때문이 아닐까? 사장님들은 자신을 기술자라고 생각할 것이다. 그래서 커피만 잘 내릴 수 있도록 연구하고, 요즘 트렌드의 음료를 어떻게 하면 잘 따라갈지 고민할 것이다. 사장님들은 자신의 일에 충실하지만, 카페를 이용하는 고객의 입장에서는 단순히 기술 즉, 음료만을 맛있게 먹으려고 가지 않는다는 게 문제다. 누군가는 카페 사장님과 대화를 나누기 위해 왔을 수도 있고, 또는 몇 년 뒤에 카페 창업을 하고 싶은데 사장님의 의견을 묻고 싶어서 자주 오는 고객이 있을 수도 있다. 그 외에 수많은 이유를 갖고 오는 사람들이 있는데 사장인 우리들은 그저 맛있는 커피, 음료에만 집중하고 있는 것은 아닐까?

이처럼 예전의 나와 같이 고객의 말을 들으려고 하지 않는 사장님들이 어떻게 하면 변화할 수 있을까? 나는 두 가지의 해결책을 나누고 싶다.

첫 번째, 인식의 변화다. 당신은 기술자가 아니라 사업가다. 사업가는 고객의 불편을 해소해주는 사람이라는 정의를 들어봤는가? 당신은 단순히 커피만 잘 내리면 되는 기술자가 아니라, 당신의 카페에 오는 고객의 불편을 해소해주는 사람이라는 사실을 잊지 말자. 그런 인식 속에서 사람을 대하면 다른 것들이 보일 것이다.

두 번째 해결책은 바로 그 다른 것들이 보일 때, 고객에게 물어보는 것이다. 기분이 안 좋아 보이는 고객이 있다면 어디가 불편한지 물어보자. 고객이 최근 들어 직장 혹은 가족 사이에서 다툼이 있다고 치면, 당신은 기분을 더 좋게 해주기 위해 사이즈업을 무료로 해주거나 에스프레소 샷을 하나 더 무료로 넣어주면 어떨까? 입장을 바꿔 당신이 이런 서비스를 받았다고 생각해보면, 그 가게 주인을 당신은 어떻게 기억하겠는가? 아마도 그런 세심한 배려를 받은 사람은 절대 다른 카페로 갈 수 없을 것이다. 아마도 당신의 팬이 될 것이다.

뭘 해도 잘되는 사장의 말투는 바로 고객에게 잘 물어보는 것에서 시작된다. 사람들은 상대의 행동이나 말투를 통해 짐작하고, 혼자서 이해해버리는 경향이 있다. 거기서부터 오해가 생기고 이상한 소문이 시작되는 것은 아닐까 생각한다. 물어봐야 한다. 상대의 마음은 상대가 저일 잘 안다. 내가 뭐라고, 얼마나 대단한 사람이라고 상대의 마음을 훤히 들여다보겠는가! 그저 상냥하게 고객에게 물어보면 된다.

나는 이 말투를 너무 늦게 배워 많은 손해를 봤다. 그리고 너무 속상했다. 그러나 지금이라도 깨닫고 활용할 수 있어서 얼마나 다행인지 모른다. 오늘부터 바로 고객에게 적용해보길 바란다. 정말 놀랍게도 당신의 커피와 음료의 맛이 전혀 바뀌지 않았는데도 매출이 오를 것이다.

# 06

# 설날, 응급실에 실려 가
# 알게 된 진리

2021년 2월 12일 금요일 설날 당일, 나는 오후 3시에 아내와 함께 장모님과 점심을 먹고 있었다. 명절 음식이 먹음직스럽게 차려져 나왔다. 장모님 댁에서는 평소 식탁에서 앉아 먹지만, 설날에는 상에 둘러앉아 밥을 먹는다. 나는 책상다리를 하지 못하는 체형이라 상은 다소 불편하지만, 명절 음식이 그 모든 고통을 잊게 하기에 불편을 감수하고 밥을 들고 먹기 시작했다.

그때 엉덩이와 허리 사이에서 뭔가 흐르는 듯한 이상한 느낌이 들었다. 순간 나는 움직일 수 없었다. 말로 할 수 없는 고통이 몰려왔다. 두 손과 무릎을 바닥에 대고 등을 들어 엎드렸다. 그 자세 외에는 어떤 자세도 취하지 못했다. 185cm의 키와 100kg의 몸무게를 가진 나를 누구도 업고 이동할 수 없기에 기대도 하지 않았다. 119구급대가 와도 ㄴ

를 실어 갈 수는 없을 거라고 생각했기에 운전해서 스스로 응급실에 찾아가는 수밖에 없었다. 그러나 자세를 바꿔 서 있기도 어려웠다. 그런 고통은 생전 처음이었다. 디스크 환자들이 허리가 아파 오래 앉아 있지 못하는 모습을 볼 때마다 사실 나는 이해하지 못했다. 그러나 단 몇 분 동안의 고통으로 그분들의 고통이 단숨에 이해가 되었다.

어쩔 수 없었다. 119구급대를 부를 수밖에 없었다. 구급대가 도착했다. 장모님 댁은 아파트가 아니고 오래된 동네의 좁은 골목 안에 위치한 주택이었다. 억지로 몸을 일으켜 장모님과 아내의 부축을 받아 구급차로 몸을 옮겼다. 코로나로 구급차에 타서도 바로 이동하지 못했다. 열과 증상을 파악하고 병원에서도 나를 받을 수 있는지 파악했다. 병원에 도착해서도 시간이 꽤 걸렸다. 그 순간에 정말 많은 생각이 스쳐 지나갔다. 단순히 근육이나 인대에 문제가 생긴 거면 다행이지만 그게 아니면 어쩌지? 수술을 해야 하거나 장기 입원을 해야 하는 상황이 벌어지면 어떻게 하지? 그렇게 되면 비용과 카페 운영은 또 어떻게 해야 하지? 여러 가지 걱정으로 고통이 배가되었다.

병원에 들어가서 담당 응급의사가 여러 질문을 했다. 근육을 이완시켜주는 주사와 염증 완화 관련 치료를 해주겠다고 했다. 링거 주사를 맞고 한참을 자고 일어났더니 고통이 한결 나아졌다. 허리도 부드러워졌고 큰 고통은 사라졌다. 설날 당일 응급실로 실려 간 사위로 많이 놀라셨을 장모님이 걱정되었다. 몸을 추스르고 바로 장모님 댁에 방문했다. 한결 나아진 몸을 보여드리고 집으로 돌아와 쉬었다. 응급실의 조치로는 완치가 되지 않아 명절이 끝나고 평일에 입원해서 MRI를 찍기로 했다.

그 후 수원 N병원에 방문했다. 증상을 이야기하고 담당 의사가 MRI 촬영과 기본 검사를 실시했다. MRI 촬영은 시간이 오래 걸리고 예약이 많아 일단 입원을 하고, 비는 시간에 들어갈 수밖에 없었다. 생전 처음 하는 MRI 촬영, 하루에 두세 번 도수치료와 물리치료를 병행했다. 1박 2일 동안 하루 종일 병원에서 지낸 것은 처음이다. 평일 이 시간이면 커피를 볶거나 바쁘게 손님을 받고 난 뒤 아내와 밥을 먹고 커피를 마실 시간이다. 그런데 아무것도 하지 못하고 핸드폰만 바라보고 스케줄에 따라 돌아다녔다. 정말 한 시간도 더 하고 싶지 않은 생활이었다.

담당 의사의 소견이 나왔는데, 디스크가 살짝 삐져나와 신경을 눌렀다는 것이다. 디스크는 다행히도 크게 퇴행되지는 않았다고 했다. 그래도 전부 퇴행된 것은 아니라도 딱딱해지고 있기 때문에 관리가 필수적이라고 했다. 담당 의사는 나에게 수차례 도수치료와 무통 주사를 맞으라고 했다. 그러나 나는 기본적인 도수치료 정도만 받고 더 이상 그 병원을 가지 않았으며, 무통 주사도 맞지 않았다. 이유는 단순했다. 도수치료를 하는 이들의 실력이 좋지 않다고 판단되었기 때문이다. 환자는 각기 다른데 그들이 행하는 도수치료는 모두 동일했다. 전부 비슷한 자세로 마사지를 하고 있었고, 충격파 같은 기계를 이용해 치료하고 있다. 나는 허리가 좋지 않은데 다리나 엉덩이 등을 10~15분 정도 했다. 그리고 마지막으로 냉찜질 기계를 켜놓고 나가버렸다. 타이머의 벨이 울리면 끝나는 것이다. 평생 이 병원에 출퇴근해야 하는 신세가 될 뻔했다. 그날로 모든 자료를 들고 지인에게 다른 병원을 추천받아 갔다.

그 병원은 수지구청역에 위치한 S병원이었다. 도수치료와 어깨와 무릎 등의 관절치료를 잘한다고 알려진 병원이었다. 담당 의사와 상담을 하고 난 뒤 도수치료를 정기적으로 받기로 했다. 도수치료실로 올라가 치료를 받기 시작했다. 배쪽에 얇은 베개를 넣고 5분간 엎드려 있었다. 아픈 부위와 증상을 공유하고 치료가 시작되었다. 손으로 근육과 디스크를 직접 눌러주는 치료였다. 허리에 손만 대도 아팠다. 신음소리가 새어 나올 때마다 아픈 부위를 기억하시고 즉시 통증이 일어나는 이유를 알려주셨다.

디스크는 원래 말랑말랑한 젤리 형태로 있다고 했다. 그러나 무거운 짐을 많이 들거나 오래 서 있거나 안 좋은 자세를 오랫동안 취하고 있을 때 디스크는 딱딱해지기 시작한다고 하셨다. 지금 자신이 치료하는 것은 주위 근육을 이완시키고 뼈를 움직이는 것이라고 했다. 그렇게 해주면 딱딱해지는 디스크가 유연하게 된다고 했다.

치료를 받으면서 지난날의 나를 돌아봤다. 무거운 짐을 많이 들거나 잘못된 자세를 오랫동안 취했던 적이 있었나? 오랫동안 서 있었던 적이 있었나? 생각해보니 꽤 많다는 것을 알았다. 커피 로스터들은 생두의 가격에 민감하다. 같은 커피 생두여도 20kg 단위로 포장되서 배달되면 약간 비용이 더 비싸다. 그에 비해 산지에서 한국으로 들어오는 60kg 단위로 배송을 받게 되면 비용이 조금 저렴해진다. 나는 그런 60kg이나 되는 커피 자루를 수십 개씩 옮겨 커피를 볶았다. 당시 나는 원가절감을 하고 있다고 생각했다. 그렇게 옮길 수 있는 힘이 있는 게 나의 경쟁력이라고 생각했다. 그러나 큰 착각이었다.

그 외에도 원가절감을 한다고 전문가에게 맡기지 않고 직접 몸으로 했던 적이 많다. 무엇이든지 아끼기 위해서였다. 그리고 커피 추출에 있어서도 절대 다른 직원에게 맡기지 않고 직접 하려고 했다. 맛이 달라질까 걱정되었기 때문이다. 같은 동선에서 매일 똑같은 동작을 반복하며 살았다. 그런데, 나는 큰 착각을 하며 살아온 것이다. 돈을 아끼겠다고 한 행동들이 지금 보니 내 건강을 돈과 바꾼 것이었다. 직원들을 잘 가르치고 믿어주면 된다. 그런데 그게 귀찮고 힘들다는 생각에 직접 했다. 그래서 얻은 건 단골 손님과 일정한 맛이었지만 결국 내 건강과 바꾼 것이다.

치료를 받으면서 정말 큰 진리를 깨달았다. 몸은 소모품이란 사실이다. 지금 건강하다고 내가 다 할 수 있다고 착각하며 산 것이다. 한푼이라도 아낄 수 있다면 내 몸과 시간을 더 써도 상관없다고 생각했다.

2021년 설날을 기점으로 나는 매달 두세 번의 도수치료를 받고 있고, 정상적인 생활을 하게 되었다. 그러나 허리가 나아지니 어깨가 아파오기 시작했다. 어깨도 사진을 찍어 보니 오른쪽은 퇴행이 많이 되어 있었다. 연력으로 따지면 50세 후반 정도의 건강 상태였다. 오른손과 어깨만 많이 사용한 결과인 것이다. 허리와 어깨를 치료하면서 등과 목까지 도수치료가 이어졌다. 겨울철 수도관 동파를 경험한 적이 있는가? 한 곳을 수리하고 나면 다른 약한 부위가 압력을 받아 연쇄적으로 터져 나가게 된다. 내 몸 상태가 딱 그 꼴이었다.

우리의 몸은 한정적인 자원이다. 내가 숨을 쉬고 있다는 것은 계속해서 늙어가고 있다는 것이다. 어제보다 오늘 더 몸의 능력치가 떨어진 다는 것이다. 그것을 최대한 늦추기 위해 스트레스 조절과 좋은 음식을 먹어야 한다. 그리고 손실되는 근육을 보완하기 위해 적절한 운동과 몸 무게에 맞는 단백질과 미네랄 섭취가 있어야 한다. 그리고 충분한 수면 도 해줘야 한다.

마지막으로 명심해야 할 것을 공유한다. 우리의 몸은 양손, 양발로 대칭되어 있다. 자신이 매일 취하는 자세들이 있다. 예를 들면 오른손 으로만 양치질을 하는 사람이라면 왼손으로 해보자. 처음에는 어색하 고 짜증난다. 양치질을 예로 들었지만 생활하면서 자신을 객관적으로 바라보자. 늘 쓰던 근육만 쓰는 것을 보게 될 것이다. 다른 방향의 근육 도 쓰도록 노력해보자. 밸런스를 맞춰 살아보자.

# 07

# 아무리 쉬어도 피곤이
# 풀리지 않은 이유

나는 카페를 시작하면서 주말에 거의 누워 있었다. 왜냐하면 평일과 토요일 늦은 저녁까지 카페를 운영하며 모든 에너지를 쏟아버렸기 때문이었다. 토요일 저녁은 물론 일요일 내내 밥 먹고 씻을 때를 제외하고 누워 있었다. 그렇게 해야 겨우 다음 주 영업을 이어나갈 수 있는 에너지가 생겼다. 에너지 충전을 위해서 쉼은 중요하다. 그러나 주말에 정상적인 활동이 불가능할 정도라면 문제가 있었다.

그래서 나는 개선해보려고 여러 가지 노력을 거듭했지만 소용이 없었다. 카페를 성공적으로 운영하는 게 먼저였기 때문이다. 나 자신을 돌볼 시간적, 정신적 여유가 당시에는 없었다. 그러나 해가 거듭하며 그 필요성은 간절해졌다. 특히 명절을 보내면서 절실하게 느껴졌다. 긴 명절이나 휴일을 맞이하면 몸이 더 많이 아팠다. 긴 휴일을 앞두고는 그전부터 아프기 시작한다. 초기에는 이유를 몰랐다. 그저 아프기 때문에 아프겠지 생각했다. 그러나 지인들의 조언을 들어보니 긴장이 풀리면서 몸에 숨겨져 있던 병이나 아픔이 느껴진다는 것이었다. 지인들의 이야기가 맞았다. 휴일이 다가오면 같은 패턴이 반복되었다.

그리고 긴 휴일에 더 아픈 이유가 있었다. 나는 커피를 볶고 나면 시음을 많이 한다. 매주 거래처로 나갈 원두가 신선하게 볶아진다. 볶아진 커피가 온전한 맛을 내는지 점검하는 것은 의무이기에 많이 마신다. 많이 마시고 점검하는 것은 나에게는 의무지만 몸에게는 필요 이상의 고카페인을 주입하게 된다. 그렇게 높은 농도의 카페인을 평상시 유지하다가 휴일에는 귀찮아서 커피 한 잔도 마시지 않을 때가 많다. 그렇게 되면 머리가 너무 아프다. 그리고 충분하게 자고 일어나도 몸이 천근만근 무겁다. 이런 생활을 3~4년 반복하다가 더 이상 이렇게 살기 싫어졌다. 이렇게 생각하게 된 이유 중 하나는 몸무게가 매년 3~4kg 불어난 것도 있었다. 카페 오픈 전보다 10kg 이상 불어나서 매년 옷을 구입하는 것도 싫었기 때문이다.

"배우려는 마음이 있으면 신이 스승을 보낸다"는 서양의 속담이 있다. 당시 몸을 챙겨야겠다는 생각이 가득할 때 네트워크 마케팅을 하는 한 사장님을 만났다. 그분을 통해서 몸을 건강하게 만들고 불필요한 지방을 걷어내는 방법을 배우고 실천했다. 효과를 많이 봤기 때문에 나도 네트워크 마케팅을 2년 넘게 열심히 했던 것 같다. 그분을 통해서 배운 것을 축약해서 나누고 싶다. 장사를 하면서 무엇보다 중요한 것이 사장이 건강하게 사는 것이라고 생각하는 사람이기 때문에 내 책에 꼭 이 내용을 쓰고 싶었다. 아무리 쉬어도 피곤이 풀리지 않을 때의 첫 번째 솔루션은 한탕주의 건강법을 버리라는 것이다. 사람들은 로또를 구입한다. 이유는 너무나 간단히다. 딩첨금을 받으면 지금의 삶을 청산하고 부자의 삶을 살 수 있을 것이라고 생각하는 것이다. 그러나 당첨이 될 리는 거의 없다. 그리고 당첨이 된다고 해도 절대 그들이 생각하는 부자의 삶을 살 수 도 없다. 왜 그럴까? 주위를 먼저 둘러보자. 이유는 몰라도 결과는 분명하게 알 수 있다. 주위에 착실하게 하루하루 살아가면서 저축하고 자산을 불려나가는 사람이 많은가? 아니면 로또를 비롯한 복권에 당첨되어 자산을 불리는 사람이 많은가? 복권 당첨은 누구에게나 다 주어지는 삶이 아니다. 극소수의 사람들에게만 주어지는 것이다. 그리고 돈은 힘이다. 시속 200km의 속도로 달려오는 차에 치어서 살아남을 수 있는 사람은 없다. 그 힘을 받아칠 힘이 없기 때문이다. 그러나 차량의 안전도를 테스트하는 콘크리트 벽은 어떨까? 300km 이상으로 달려와 박아도 멀쩡할 것이다. 그만한 힘이 있기 때문이다. 그렇기 때문에 로또에 당첨된 사람들 대부분은 당첨 이후의 삶이 아름답지 않은 것이다.

자, 이제 로또를 건강 관리로 생각해보자. 갑자기 하루 좋은 것을 먹고 건강해지리라고 생각해본 적은 없는가? 나는 그렇게 살았다. 일주일에 한 번, 열심히 일하고 주말 저녁이나 금요일 저녁에 마감한 뒤 고기를 구워 먹으며 야채를 넉넉하게 먹었다. 그렇게 먹으면 몸이 좋아지겠지 생각했다. 그러나 건강이 더욱 나빠지게 만드는 습관이었다. 건강을 지키려면 매일매일 좋은 식습관으로 좋은 음식을 먹어야 한다. 이렇게 말하면 "그렇게 먹고 살고 싶은데, 그게 쉽나요?"라고 말하는 사람들이 있다. 처음에는 나도 이런 답을 들으면 수긍했으나 지금은 어렵지 않다고 확신하며 말한다. 좋은 습관은 결코 어려운 것이 아니기 때문이다.

그렇다면 어떻게 한탕주의를 고칠 수 있을까? 내 몸을 매일 돌아가는 공장이라고 생각해보자. 24시간 돌아가는 공장에 연료를 주는 것이 우리의 식습관이다. 그렇다면 얼마나 자주 연료를 줘야 할까? 대부분 우리는 하루에 세 번 밥을 먹는 것을 상식으로 알고 있다. 그런데 현대인들은 하루에 두 끼를 먹는 사람도 많아졌다. 좋다. 두 번이든 세 번이든 크게 상관없다. 공장이 잘 돌아간다면 말이다.

하루에 두세 끼를 먹고 있는데 계속 살이 찌거나 건강이 좋아지는 것을 느끼지 못하는 사람이라면 그다음에 점검할 게 있다. 어떤 연료를 주고 있는가다. 3대 영양소를 지켜서 먹고 있는지 묻고 싶다. 3대 영양소란 탄수화물, 단백질, 지방이다. 3대 영양소를 머리에 넣고, 우리가 먹는 식사를 돌아보자. 어느 정도의 비율로 식사가 이루어지고 있는가? 라면 한 봉지 잘 끓여서 밥 한 공기 옆에 두고 먹고 있지는 않은가? 그렇다면 당신은 99%의 탄수화물과 약간의 지방, 단백질로 식사를 하는 것이다. 이런 연료를 매일 잘 채워넣으면 어떻게 될까? 당신의 몸 공장은 지방만 잘 생산해서 온몸에 잘 쌓아둘 것이다. 대부분의 사람이 이 개념이 머릿속에 없다. 나는 네트워크 마케팅 사업을 하면서 이 부분을 깨달았다.

2명의 자녀를 둔 주부를 상담했던 때였다. 아이를 출산하고 난 후에도 빠지지 않는 살 때문에 고민이 많으셨다. 셋째 아이 출산도 계획하는데 다이어트를 하지 않으면 몸이 너무 나빠질 것 같다고 걱정하셨다. 그분의 식습관은 앞서 예를 든 그대로였다. 아이들 양육으로 바쁜 나머지 아이들이 먹다 남은 빵과 우유를 먹거나 빠르게 라면을 끓여서 먹는 게 대부분이었다. 그분의 경우는 과도한 식욕 억제 다이어트 약을 먹거나 무리한 운동을 하는 게 답이 아니었다. 오히려 식사를 준비해주시는 아주머니를 두거나 식사시간을 확보하는 아이돌봄 서비스를 이용하는데 투자하는 것이 맞다.

마지막으로 나는 좋은 식습관 중 지방과 종합영양제의 섭취를 강조하고 싶다. 우리의 몸을 공장으로 비유하자고 했고, 3대 영양소를 골고루 섭취하는 것을 강조했다. 그중에 나는 다시 한 번 지방을 강조하고 싶다. 왜냐하면 현대인들은 지방을 주의하도록 학습받은 나머지 지방의 섭취가 부족하다. 지방 섭취는 사실 문제되지 않는다. 좋은 지방은 두뇌 발달과 저비용 고효율의 에너지로 쓰인다. 그리고 지방을 먹어 지방이 쌓이는 시스템은 몸에 있지 않다. 지방은 많이 먹으면 배설된다. 지방을 잘 분해하지 못하는 사람들은 설사로 바로 반응이 온다는 게 그 증거다. 지방이 쌓이게 만드는 영양소는 탄수화물이다. 밥, 빵, 면, 설탕 등을 먹고 나면 포도당으로 모두 분해된다. 그리고 세포들이 포도당을 먹고 분해해서 에너지를 낸다. 그 외에 남은 포도당은 지방으로 변환되어 우리 몸에 쌓이게 된다. 절대 지방을 먹는다고 해서 피가 더러워져 혈관이 막힌다는 무지한 말은 하지 않았으면 좋겠다. 왜 사람들이 오메가3를 먹겠는가? 그것도 지방 덩어리인데 말이다.

앞으로 지방을 의식하면서 먹자. 버터와 좋은 올리브오일을 챙겨 먹자. 그에 더해 아침식사를 방탄커피로 대체해서 습관을 잡아보자. 나는 신선한 원두로 진하게 내린 커피와 버터, 그리고 MCT 코코넛 오일을 가득 넣어 만들어 먹는 방탄커피를 한끼 식사로 3년 넘게 유지하고 있는데, 에너지가 넘쳐나는 삶을 살아가게 한다.

또한 3대 영양소와 함께 영양제를 챙겨먹자. 현대인들은 불행하게도 야채를 곁들여 먹는 수준으로는 절대 비타민, 미네랄을 챙겨 먹을 수 없다. 야채들의 많은 수가 수경재배를 하고 있고, 빠르게 자라나도록 계량되고 있다. 그래서 30~40년 전에는 시금치를 반찬으로 곁들여 먹어도 되었지만 지금은 시금치 한 단을 식사로 먹어도 부족하다. 그래서 반드시 영양제를 챙겨 먹으며 부족함을 해소해야 한다. 그런데, 영양제에도 한탕주의가 존재한다. 한두 달 속성으로 보약을 먹는 것인데, 그것보다 매일매일 꾸준하게 영양제를 챙기자.

이렇게 나의 몸을 알고 건강을 지켜나가야 사장으로서 건강하게 롱런할 수 있다. 장사는 장기전이다. 한두 해 하고 끝낼 게 아니라면 자신의 몸 관리도 매장 관리만큼이나 철저하게 신경 써야 한다.

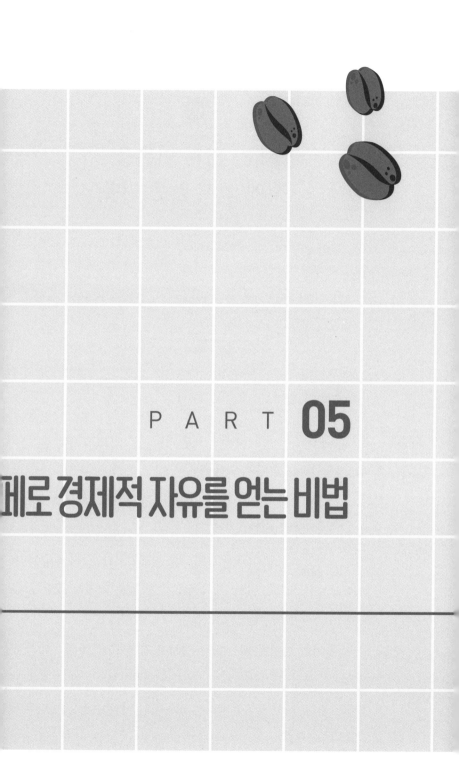

PART **05**

제로 경제적 자유를 얻는 비법

# 01

# 내가 커피 이론을
# 책에 쓰지 않은 이유

2012년 여름, 커피에 대해서 아무것도 모르던 나는 방배동에 있던 커피문화원이라는 학원의 오전 10시 수업을 들었다. 그런데 나는 새벽부터 수원에서 서울로 이동했다. 이유는 학원 옆에 직영으로 운영하는 초이에스프레소 카페에서 진행하는 커핑(Cupping, 커피를 볶고 맛이 제대로 표현되는지 알아보는 작업) 시간에 참여하기 위해서였다. 나의 스승님인 초성일 대표님의 커피는 지금 생각해도 수준 높은 커피가 많았다. 그로 인해 나는 커피를 배우는 그 순간들이 너무나 행복했다.

그 당시 나는 커피에 대한 모든 정보를 흡수했다. '커피', '카페'라는 키워드가 들어간 책이라면 국내, 국외 서적을 가리지 않고 거의 모두 구입해서 봤다. 학원에서 진행하는 기본적인 커피 수업들은 모두 들었다. 자격증 취득은 기본으로 진행했다. 그리고 그 외에도 카페 탐방고

학원에서 연습 또한 부지런히 했다. 내가 할 수 있는 모든 것을 다했던 것 같다.

그중에서 내가 가장 집중해서 한 것은 책을 통한 배움이었다. 커피는 학원에서 직접 경험하는 것으로 충분히 차고 넘쳤다. 그런데 어떻게 카페를 열고 운영하는지는 직접 경험하는 수밖에 없었다. 그러나 당장은 그런 상황이 못 되었으니 책을 보는 수밖에 없었다. 책에는 직접 운영하는 사람들의 솔직한 이야기들이 담겨 있으리라고 생각했기 때문이다.

그러나 나는 당시 카페 창업에 관한 책에 많이 실망했다. 왜냐하면 1/3의 분량이 하나같이 커피 이론을 담고 있었기 때문이다. 이해는 된다. 당시에는 카페 창업의 붐이 절정을 향해 달려가던 시기였다. 강릉 카페들의 스토리를 담은 다큐멘터리가 이미 전국적으로 방영되고, 커피 학원은 우후죽순으로 생기기 시작했다. 그러니 당시 출간된 책들에는 기초적인 커피 이론의 내용을 담는 게 좋은 기획이었을지도 모른다. 그러나 창업 관련 책이기에 이론의 내용이 턱없이 부족했다. 어떤 책은 다른 책을 그대로 복사해서 붙여넣기 한 것처럼 비슷했고, 또 어떤 책은 저자가 자신만의 커피 이론을 넣어 독자들을 혼란에 빠지게 할 위험성도 갖고 있었다. 또한 어떤 책들은 브랜드, 콘셉트, 인테리어, 상권까지 방대한 내용을 짧게 구성하기도 했다. 물론 어떤 말을 하려고 하는지는 알지만, 창업 관련 책을 보는 사람들은 초보일 가능성이 높다. 한 번도 카페를 차려보지 못한 사람들이 대부분인데, 그런 사람들에게 중요한 요소들을 하나의 책에 몰아 넣으면 어떻게 되겠는가? 어떤 것도 제대로 이해하지 못하고 습득하지 못할 것이다.

다행히도 요즘 책의 콘셉트는 많이 달라진 것을 볼 수 있다. 창업자들의 시야와 수준도 높아진 것이 반영된 것 같다. 그러나 부족한 부분은 여전히 있는 것 같다. 나는 그 분야를 이 책에 넣기로 작정했다. 그래서 나는 커피에 대한 이론을 일체 넣지 않았다.

나는 이 책에 오직 카페를 운영하는 마인드와 세일즈에 대한 내용만을 넣었다. 왜냐하면 카페의 시작은 다양할 수 있지만, 폐업의 이유는 단 하나, 매출이 나오지 않아서기 때문이다. 물론 아프다거나 해서 직접 운영을 하지 못하는 특별한 경우는 제외가 되겠다. 하지만 가게를 양도하는 경우 매출이 안정적인 가게는 권리금을 받을 수 있는 근거가 되어 폐업을 해도 손해를 최대한 줄일 수 있음을 명심하자.

그렇다면, 마인드와 세일즈 기술이 어떻게 매출에 영향을 줄 수 있을까? 카페 운영을 해보면 반드시 아는 것이 있다. 운영의 기술은 시간이 지남에 따라 습득되지만, 결코 운영의 익숙함이 매출의 증가로 이어지지는 않는다는 사실이다. 오직, 당신의 마인드와 세일즈 능력이 갖춰져야 매출이 바뀐다.

먼저, 마인드에 대해 짚어보겠다. 마인드는 다른 말로 생각이라고 말할 수 있다. 또는 사고, 프레임, 세상을 보는 방식이라고 표현되어진다 어떤 것으로도 표현될 수 있지만 이 책에서는 마인드라는 말로 통일하겠다. 과거 커피로맨스의 매출이 안 나올 때, 나의 마인드를 생각해보면 이렇다

'우리 가게 위치가 메인 상권에 있지 않아서 사람들이 안 오는 게 당

연해.'

'내 가게는 인테리어도 내가 했고, 부족한 부분이 많으니까 인스타 홍보는 포기할래.'

'나는 글도 못 쓰고, 파워블로거가 아니니까 블로그 홍보는 효과 없어.'

'요즘 천 원대 커피들도 주변에 많으니 우리 커피는 가격이 높아서 장사가 안되는 거야.'

간추려 보면 '안 돼', '부족해', '효과 없어', '포기' 등의 단어로 생각이 가득 차 있다. 이런 마인드의 사장님들이 과연 매일매일 성장하기 위해 노력하겠는가? 매출의 낮음을 분석하고 어떻게 하면 더 성장할 수 있을지 고민할까? 절대 그렇지 않을 것이다. 지난날 나를 돌아보면 하나같이 해왔던 일을 열심히 하려고 노력했을 뿐이다. 쳇바퀴 돌듯 돌아가는 삶인 것이다.

아인슈타인의 유명한 말이 있다.

"어제와 똑같이 살면서 다른 미래를 기대하는 건 정신병 초기 증세다."

이 말에 의하면 당시 나는 거의 정신병 환자인 것이다. 잘될 수 있는 이유들을 놔두고 안되는 방향대로만 살아갔기 때문이다.

마인드를 바꿔야 한다. 생각은 쉽게 바뀌지 않는다. 마치 다이어트와 같다. 축 늘어진 살을 보고 오늘 굶어서 다음 날 바디프로필을 찍을 수 없다. 멋진 몸매를 가꾸는 것처럼 행동하자. 오늘 좋은 음식을 천천히 먹고 야식을 하지 않으면 되는 것처럼, 오늘 긍정적인 마인드로 무장하고 하루를 보내면 된다.

'인스타나 블로그를 통해 홍보하는 방법이 무엇이 있을까? 내 가게도 홍보할 수 있는 방법이 있지 않을까? 방법을 찾아보자!'

'우리 카페의 자랑이 무엇이지? 내가 가장 자신 있는 메뉴는? 내가 가장 좋아하는 위치는?'

'단골들은 어떤 면이 좋아서 오시는 걸까? 그것 외에 우리 카페 매력은 뭔지 물어볼까?'

달라진 마인드가 보이는가? 전에는 불가능이나 포기의 키워드로 자신과 카페를 바라봤다면 이제는 열린 시각으로 바라보고 있다. 어떻게 하면 될지, 더 잘할 수 있는 방법은 무엇인지 고민하면서 말이다.


다음으로는 세일즈에 대해 알아보자. 세일즈는 다른 말로 하면 판매 기술이라고 할 수 있다. 세일즈는 매출과 직결되는 가장 중요한 요소다. 그러나 사장님들에게 이 부분을 강조하며 말하는 사람은 정말 적다. "잘 팔아야 됩니다"라고 하면 거부감을 갖는 것 같다. 마치 돈을 좋아하지만, "돈으로 행복을 살 수는 없어!"라는 말로 포장하는 것처럼 말이다.

로버트 기요사키는《부자아빠 가난한 아빠》,《마이더스 터치》에서 파는 것은 사장이 필수로 가져야 하는 기술로 꼽고 있다. 실제로 그는 제록스사에 입사해서 몇 년 동안 판매를 담당했다. 그는 복사기에 특별히 관심 있어서 제록스사에 입사한 게 아니라 제록스의 영업 훈련 프로그램이 훌륭했기에 입사했다고 고백한다. 당시 로버트는 영업 실적이 형편없었다고 한다. 그러나 끊임없이 공부하고, 연습하고, 강의를 찾아다니며 듣기를 반복했다고 한다. 이윽고 3년 뒤 그는 '판매왕'이 되었고, 퇴사했다.

나도 네트워크 마케팅을 2년간 열심히 했다. 그 당시 나는 사람에게 물건을 제시할 때 떨지 않는 법, 사람들에게 또박또박 이야기하는 것, 상대와 자연스러운 대화를 하는 것 등을 철저하게 배울 수 있었다. 즉, 세일즈 기술을 익힐 수 있었던 것이다.

그 세일즈 기술을 배운 나는 어떻게 되었을까? 매출은 기본 3배 이상 올랐고 지금은 이렇게 전국의 사장님들을 상대로 책을 쓰는 단계에까지 이르지 않았는가! 마인드를 바꾸고 세일즈 기술을 탑재하는 것은 카페 콘셉트, 인테리어, 커피 맛보다 우선되어야 한다고 생각한다. 아니, 나는 그게 전부라고까지 말하고 싶다. 이 두 가지 요소를 바닥에 탄탄하게 다져놓은 다음 건물(콘셉트, 인테리어, 커피 맛)을 세워야 한다. 그래야 오래가고 실패하지 않는 카페가 될 수 있다.

# 02

# 상권 분석,
# 눈이 아닌 발로 하라

오랜만에 대학 후배의 연락을 받았다. 아직도 내가 카페를 운영하는지 물었다. 사업에 관심이 많고, 특히 카페에 관심이 많은 후배라 오픈 초기에 자주 만났다. 최근에 서로 바빠져 만나지 못했는데 연락이 온 것이다. 후배는 요즘 카페를 알아보고 있다고 만나자고 했다. 오랜만에 연락이라 반가워 약속을 잡고 나갔다. 서로 안부를 묻고 본격적인 카페 이야기가 시작됐다. 후배는 전에 하던 일을 정리하고, 새로운 일을 구상 중이라고 했다. 그래서 남는 시간에는 계속해서 네이버 부동산을 켜 놓고 좋은 자리가 없는지 알아보고 있는데, 좋은 자리가 나와서 지금 고민 중이라고 했다.

나는 도무지 이해가 가지 않았다. 부동산 앱에 지도는 자세하게 나오지만 그 외의 정보는 미비하다. 고작해야 건물 보증금과 월세, 그리고 부동산 중개비용과 사무실 전화번호 정도를 알 수 있다. 그것만 가지고 최소 5~10년 정도 운영할 가게를 정할 수는 없다. 후배는 어떻게 그곳이 괜찮은 가게라고 생각했을까? 나는 긴말하지 않고 같이 가보자고 했다.

가게 자리는 지식산업단지들이 모여 있는 오피스 상권이었고, 입지가 나쁘지 않았다. 상가에 도착하고 주변을 살피고, 분위기를 몸으로 느꼈다. 서로 많은 이야기를 나눈 뒤 헤어졌다. 그날 이후 후배는 더 이상 그 상가에 대해 말하지 않았다. 이유는 단순했다. 앱에서 본 만큼 괜찮은 곳이 아님을 알게 된 것이다.


카페에 있어 상권은 절대적인 요소 중 하나다. 카페가 죽느냐 사느냐를 결정지을 수 있는 요소인데, 의외로 너무 쉽게 결정하는 사람들이 있다. 그것도 컴퓨터를 통해서, 또는 누군가의 말 한마디로 결정하기도 한다.

커피로맨스가 자리를 잡고 코로나가 오기 전, 봄과 가을에는 사람들이 늘 길게 줄을 섰다. 바람이 시원해질 즈음, 라떼를 먹기 위해서다. 라떼를 만드는 직원과 정신없이 주문을 소화하다 보면 대기 중인 손님들의 수다를 듣게 된다. 손님 자신도 모르게 하는 말들에서 카페 운영의 힌트를 얻기도 해서 들려오는 손님들의 대화에 집중하는 편이다. 그중에 커피로맨스의 자리는 '신의 한 수'라는 말이 귀에 들려왔다. 동의할 수 없었다. 지금은 자리를 잡았고, 손님들이 많이 오니까 좋은 자리처럼 보일 뿐이라고 생각했기 때문이다. 그러나 몇 해를 지나면서 시야가 달라지고 넓어지고 나니 어느 정도 동의가 된다. 내 카페는 확실히 외진 곳에 있다. 그러나 삼성의 직원들이 점심시간에 산책으로 올 수 있는 충분한 거리에 있었다. 그것도 단순히 아스팔트 바닥에 신호등을 건너서 오는 삭막한 분위기가 아니었다. 수원시와 삼성 내에서도 신경을 쓰는 지역이라 물도 깨끗하고 조경도 잘 관리되고 있는 곳이다. 그때는 몰랐지만 알고 보니 충분한 이용 인원과 좋은 환경이 갖춰진 곳이었다.

모두 다 나처럼 운 좋게 얻어걸리면 좋겠지만 그런 경우는 일반화될 수 없다. 그냥 없다고 생각하고 철저하게 분석해보자. 그러면 어떻게 분석해야 할까? 나는 누군가에게 추천받은 곳이나 선호 지역을 직접 찾아가보라고 말하고 싶다. 특히, 선입견 없이 찾아가야 한다. 직접 그 상가 앞에 서서 주변을 바라보고, 지나가는 사람의 수는 몇 명 정도인지, 점심시간에는 몇 명이 지나가는지, 오후 늦게 혹은 퇴근 시간에는 몇 명이 지나가는지 등 모두 수를 세어보자. 매일 비슷한 숫자인지, 요일마다 차이가 있는지도 기록해야 한다. 이런 데이터는 어디에서도 나오지 않는다. 누구도 말해줄 수 없다. 직접 가보고 내가 확인해야 한다.

가끔 내가 사는 지역 주변을 걸어서 돌아다녀본다. 그러다 새로운 카페가 생긴 것을 발견하면 무슨 생각으로 저 위치에 카페를 열었을까 의문이 들 때도 있다. 한번은 초등학교 정문 근처에 카페가 생겼다. 이해는 된다. 아이들이 카페를 이용할 리는 없고, 학부형 엄마들을 노린 것이다. 그러나 나는 확신한다. 엄마들은 그 카페를 이용하지 않을 것이다. 이유는 간단하다. 그 카페가 위치한 초등학교 엄마들의 소득 수준이 카페가 위치한 곳과 맞지 않는다. 그 카페는 빌라, 원룸 밀집 지역에

7~10평 정도로 규모가 작은데, 엄마들은 초등학교 근처 카페가 아닌 차를 몰고 40~50평대 브런치카페로 이동할 것이다.

이처럼 현장에 가면 내가 바라는 것과 현실은 다를 수 있다. 그것을 알아채고 분별해야 한다. 그러나 말처럼 쉽지 않다. 왜냐하면 괜찮은 상가라고 하는 곳들은 소개를 통해서 방문하기 때문이다. 모든 상가들을 직접 다니는 것은 보통 일이 아니다. 그래서 공인중개업체가 있는 것이고 매물들을 소개받는 것이다. 소개를 받는 것 자체가 나쁜 게 아니다. 소개를 받아서 가면 괜찮을 확률이 높아진다. 그러나 여기서 주의해야 하는 것은 소개자가 말하는 스토리에 현혹되지 말아야 한다는 것이다. 잘못하면 그 사람의 프레임에 갇히게 된다.

"여기, 몇 해 전만 해도 직장인들이 바글바글했던 가게야."

"나는 브런치를 할 줄 모르는데, 샌드위치나 브런치 메뉴 몇 개만 있으면 대박 날 텐데."

아마 다양한 이야기를 들을 수 있을 것이다. 몇 가지가 부족해서 지금 안되는 곳이니 몇 개만 보완하면 잘될 것이라는 말과 함께 권리금도 붙어 있다. 물론 무조건 나쁜 것은 없다. 그러나 실제로 그런지 확인은 철저하게 해야 한다. 그 사람의 말을 듣고 덜컥 계약해도, 결국 잘 안되면 누구도 책임지지 않는다. 온전히 내가 100% 책임져야 한다. 이 점을 명심하자. 끝까지 의심하고, 자기 눈으로 확인하자.

가장 먼저 소개한 상권 분석 방법은 직접 매물 앞에서 주변을 바라보는 것이라고 했다. 그다음 스텝은 주변에 장사를 하는 사람들이 잘하고 있는지, 잘되고 있는지 보는 것이다. 카페 창업 관련 책을 보거나 노하우가 담긴 전자책들을 보다 보면 동네 음식 맛집 4~5개가 모여 있는 지역에 카페를 차리라는 말이 있다. 적극적으로 동의할 수 있는 말이다. 맛집들이 모여 있는 곳이면 안정적으로 매출이 나오는 가게들이 있다는 뜻이고, 고정적으로 오는 손님들이 많다는 것이다. 그런 곳에 카페가 없다면 일단 50% 이상은 통과다. 그리고 전략도 심플하다. 그 식당과 제휴를 맺어서 맛집 방문 고객들을 잡기만 하면 되는 것이다.

잘되는 가게가 있는지, 아니면 언제 문을 닫을까 고민하고 있는 가게가 있는지 직접 상가들을 이용해 지켜보라. 카페도 주변 상가 분위기가 굉장히 중요하다. 그것을 무시하고 홀로 성공할 수 있다고 생각하지 말아야 한다.

또한 가격이 저렴하다고 홀로 뚝 떨어진 자리를 선택하는 것도 말리고 싶다. 백종원 대표는 초보일수록, 자영업의 경험이 적을수록 상권이 형성된 곳의 권리금이 다소 높은 곳을 고르라고 말한다. 매출이 확보되는 가운데 이윤을 적게 잡고 고객에게 투자하면서 만족시키면 손님은 다시 온다. 그리고 점차 실력이 늘어나면서 이윤을 정상화시키고 만족도는 유지시키면 된다. 그러나 그 반대인 경우, 매출이 적고 실력도 낮은 상태에서는 고객도 만족하지 못하고 사장도 실력이 늘지 않는 악순환의 연속이다.

상권 선택은 온전히 주인이 책임지는 것이다. 내 발로 직접 뛰고, 내 눈으로 보고 느껴야 한다. 카페 창업에 필요한 모든 교육을 받은 뒤 내 스승님은 이렇게 말했다.

"앞으로 여러분이 탐방을 가는 카페 한 곳마다 당신의 성공 가능성을 1%씩 올려줄 것입니다."

나는 이 말이 지금까지 잊히지 않는다. 진리라고 생각한다. 원두 납품을 하면서 사장님들과 이야기할 때 놀라는 부분 중 하나가 대부분 사장님들이 롤모델이 될 만한 카페 열 군데도 채 안 가보고 그냥 창업한 사람이 많다는 것이다. 그래서 동선은 물론, 커피머신 및 집기들의 위치 등이 제각각이고, 효율적이지 못하다. 효율적이고, 배울 점이 많은 카페를 많이 경험한 사람은 티가 난다.

잊지 말자. 카페 자리를 정하는 것부터가 창업의 시작이다. 돈이 투자되지 않았다고 안심하지 말자. 돈만큼 귀중한 나의 시간들이 쓰이고 있다. 부디, 당신의 마음에 꼭 드는 자리가 나타나 성공할 수 있기를 진심으로 바란다.

# 03

# 선택과 집중은
# 카페 창업의 키포인트

    날씨가 좋을 때면 아내와 자주 산책을 한다. 15분쯤 걸어가면 식당가를 꼭 거치게 된다. 삼성전자 주변 상권이기에 맛집이 제법 많다. 산책하는 시간대가 식사시간 이후일 때가 많다. 그래서 간식이 당길 때가 많아 그때마다 싸고 맛있는 핫도그 전문점의 유혹을 떨치지 못한다. 핫도그가 나오면 소스를 뿌릴 차례다. 나는 케첩, 머스타드, 칠리소스 등온갖 소스를 뿌려댄다. 핫도그는 하나지만 다양한 맛을 느껴보겠다는 욕심인 것이다. 아내는 나와 반대로 먹고 싶은 두 가지 정도의 소스만한 줄씩 짜서 먹는다. 이상하게도 온갖 소스를 뿌린 나는 늘 후회한다. 어떤 맛인지 몰라서다. 그리고 차고 넘치는 소스가 나도 모르게 흘러내려 바지나 상의 어딘가에 묻어 지워지지 않는 흔적을 남긴다. 천 원짜리 핫도그에서도 선택과 집중의 철학을 배우게 된다.

카페 창업도 다르지 않다. 선택과 집중이 절대적으로 필요하다. 카페를 오픈하고 나서 가장 명심해야 하는 것이 있다. 그중 하나는 손님들의 요구를 거절하는 것이다. 손님의 말은 귀담아듣는 것이 아니라 거절해야 한다니 이상하게 생각될 것이다. 그렇다. 거절해야 하는 영역은 많지만 메뉴에 한정해서 생각해보자.

손님들은 자신이 좋아하는 메뉴가 있다. 대부분 아메리카노와 라떼 종류를 좋아하는 게 일반적이다. 하지만 문제는 그 외의 메뉴에서 나온다. 카페는 매출 확장을 위해 시그니처 메뉴나 유행하는 메뉴를 넣는다. 그리고 사장의 선호도와 트렌드에 맞춰 신메뉴를 출시한다. 그러나 시간이 지나면 옛날 메뉴가 되어버린다. 고객들은 다른 카페에서 새로운 메뉴들을 경험하고 여기에도 있는지 물어본다. 이 패턴이 매년 반복된다. 그때마다 사장이 메뉴를 늘려간다면 어떻게 될까? 최소 여름과 겨울에 신메뉴가 출시된다고 쳐도 매년 2개의 메뉴가 누적되어 늘어난다는 것이다. 한술 더 떠 핫, 아이스로 나눈다면 총 4개의 메뉴가 추가되는 것이다.

"그럼, 누적시키지 말고 매년 바꾸면 되지 않나요?"하고 질문할 수 있을 것이다. 그러나 그것도 마음처럼 쉽지 않다. 신메뉴 출시 때부터 계속 마시고 있는 고객은 메뉴판에서 없어져도 찾기 때문이다. 그 메뉴만 먹는 단골 고객일 경우 사장 입장에서는 단골을 잃을 수 있기 때문에 큰 갈등을 겪는다. 이렇게 메뉴가 늘어가다 보면 카페 창업 때의 매력은 점차 사라지고 어딜 가나 볼 수 있는 카페로 기억되다가 잊혀진다. 이 악순환의 고리를 처음부터 잘라내야 한다.

카페의 매력이 분명하게 존재해야 살아남는다. 일전에 유튜브에서 짧은 영상을 보고 감명을 받은 적이 있다. 시간 관리가 잘 안되는 사람이 시간 관리를 잘하고 싶어 상담을 받으러 간 사례를 다룬 영상이었다. 그 사람의 문제는 게으름도 일의 우선순위를 못 정하는 것도 아니었다. 문제는 거절하는 법을 모른다는 것이었다. 거절하지 못하니 모든 일을 다 수용하고, 그것을 처리하려니 어떤 것도 하지 못하는 것이었다. 살아남기 위해서는 매력과 남다른 특색을 가져야 한다는 것을 누구나 다 알고 있다. 그러나 그것을 지켜내기 위해 때로는 단호하게 거절하고, 문제의 소지를 제거해야 한다는 것을 알고 행동하는 사람은 흔치 않다.

어떻게 하면 카페의 매력을 보존하기 위해 잘 거절할 수 있을까? 타인의 입장에서 카페를 바라보라고 말하고 싶다. 학창 시절에 공부를 못했던 부모들도 공부 잘하는 법은 안다. 그래서 자녀들에게 철저하게 분석해서 잔소리한다. 대부분 부모의 분석과 방법이 맞을 것이다. 그러나 실제 학창 시절로 다시 돌아가 자신이 해보면 결과는 비슷할 것이다. 아는 것과 실천하는 것은 다르기 때문이다.

김연아 선수가 현역일 때 그녀보다 피켜스케이팅을 잘 타는 사람은 없었다. 그렇다고 그녀에게 코치가 없었는가? 수많은 스태프들이 그녀를 코칭하고 점검해줬을 것이다. 선수가 보지 못하는 부분이 있기 때문이다. 바둑에서도 자기가 직접 두는 바둑의 실력보다 훈수를 둘 때 단수가 2~3단계 올라간다는 말을 한다. 자신의 수를 둘 때는 이기고 싶고, 패배하고 싶지 않은 욕망이 꿈틀댄다. 그렇기 때문에 냉철하게 판을 읽지 못하는 것이다.

이런 예는 수없이 많다. 다른 카페들을 시간이 날 때마다 보러 다니자. 자신의 카페라고 생각하고 어떤 점을 고치면 좋을지 고민해보자. 그때는 철저하게 고객 입장에서 카페를 바라보자. 여러 메뉴들을 구매해서 먹어보고 서비스를 받으며 느낌을 수집하자. 어떻게 수정해야 고객이 더 만족할까? 가격과 맛은 적정한가? 카페의 콘셉트와 메뉴 선정은 괜찮은가? 등등 내 카페에 있을 때는 전혀 보이지 않고 느껴지지 않았던 요소들이 선명하게 다가올 것이다.

새로운 관점을 경험하게 되면 자신의 카페가 달리 보인다. 마치 빨간색 선글라스를 끼고 살아오다가 투명한 안경을 끼게 된 것 같다고 할까? 미처 보지 못했던 것들이 보이기 시작하고, 그 부분을 고치면 카페가 달라진다. 고객도 그 달라짐을 느끼고, 매출도 변한다.

실질적으로 카페 창업에 있어 선택과 집중은 어떤 것들이 있을까? 크게 세 가지를 들 수 있다. 첫 번째는 상권의 선택이다. 창업할 때 장소 선택은 큰 비중을 차지한다. 나는 크게 두 가지 중에서 선택을 권한다. 오피스 상권과 동네 상권이다. 두 가지의 차이는 극명하다. 오피스 상권은 말 그대로 직장인 대상이고, 동네 상권은 카페 주변에 살고 있는 지역 주민을 대상으로 한다. 두 상권 중에 자신에게 맞는 상권이 어느지 고르자. 상권만 분명해지면 콘셉트와 주방 인테리어를 정하기가 수월하다.

두 번째로 바리스타와 로스터의 결정이다. 바리스타는 말 그대로 커피를 음료로 만드는 사람을 말하고, 로스터는 커피를 볶는 사람을 말한다. 두 가지 영역을 정해야 한다. 2010년대 초반만 하더라도 바리스타와 로스터를 겸하는 콘셉트의 카페가 많았다. 일명 로스터리 카페다. 그러나 요즘 새로 생기는 카페들에서는 두 가지를 모두 잘하겠다고 나서는 콘셉트는 흔하지 않은 느낌이다. 한 가지 영역에 집중하자는 추세다. 두 가지 중 하나를 정하고 몰입하지 않으면 살아남지 못한다는 것을 아는 것 같다.

마지막으로 세 번째, 에스프레소와 드립의 결정이다. 이렇게 말하는 사람도 있을 것이다.

"드립커피도 내리고, 에스프레소 머신으로 다양한 음료도 만들 건데요?"

그러나 나는 카페 창업에서는 두 가지 중 집중할 영역을 선택하는 것이 좋다고 생각한다. 나도 처음에는 두 가지를 병행했다. 드립도 좋아하는 고객들이 많았다. 한 잔에 6~7,000원 해도 마시는 사람은 그것만 찾았다. 그러나 지금 커피로맨스에서는 에스프레소 기반의 음료만 즐길 수 있다. 드립을 없앤 것이다. 카페를 이용하는 주 고객들이 드립을 선호하지 않았다. 그리고 드립커피의 특성상 시간이 많이 걸린다. 사람이 몰리는 시간대에 드립커피 주문 하나로 웨이팅이 5~10분 지체되어 버린다. 한 분을 얻으려다 단체를 잃을 수 있겠다 싶었다. 드립커피 손님을 잃더라도 회전율과 서비스 만족도를 올리자고 생각했다. 처음부터 드립커피와 에스프레소 영역을 분명하게 정하고 시작했다면 어땠을까? 드립커피를 없앨지 말지 고민하는 기간 없이 손님들도 놓치지 않고 분명 성장했을 것이다.

게리 켈러(Gary Keller)와 제이 파파산(Jay Papasan)의 《원씽》이라는 책을 보면 선택과 집중이 얼마나 중요한지 나와 있다. 나는 이 책을 꼭 읽어보라고 말하고 싶다. 내가 큰 성공을 거뒀을 때는 단 하나의 일에만 모든 정신을 집중했다. 그러나 매출이 들쭉날쭉했을 때는 나의 집중력도 여러 군데 퍼져 있었던 것이다. 순간 머릿속에서 전구가 '반짝'했다. 저자는 자신의 성공이 꾸준하게 이어질 때면 하나같이 모든 정신이 집중된 상황이었다고 말하고 있다. 우리도 그렇게 카페를 운영해야 하지 않을까?

나는 최근에도 손님들로부터 디저트나 신메뉴에 대한 요구를 자주 받고 있다. 그러나 카페와 결이 맞지 않고, 구색만 갖추는 것은 의미가 없다고 판단되어 거절했다. 사장님들의 모든 시도는 카페가 잘되기 위한 것이다. 장사가 안되기를 바라고 선택한 사람은 없다. 그러나 내가 집중하지 않고 하나에 몰입하지 않은 상태에서 다른 선택과 시도를 반복한다면 성공이 아니라 쓰디쓴 패배만 있을 것이라고 확신한다.

# 04

# 카페 창업에서 '조급함'은
# 죽음의 메시지

미국의 홈런왕 베이브 루스(Babe Ruth)는 이렇게 말했다.

"홈에 들어오기 위해서는 1루, 2루, 3루 베이스를 차례로 밟지 않으면 안 된다."

창업을 준비할 때도, 하고 나서도 늘 마음에 새겨야 하는 명언이다. 창업에는 순서가 있다. 누군가 빠르게 창업하고, 잘 운영하고 있다면 운이 좋은 것이 아니다. 빠른 시간 내에 집중해서 모든 과정을 지나간 것이다. 돈이 많아서, 재능이 있어서, 주위에 좋은 사람이 많아서라고 생각하지 말자. 그 사람의 장점 또한 삶을 살면서 쌓아온 것들이다. 우연은 없다.

2021년 커피 로스터기를 계약했다. 용량이 기존의 용량에 비해 50% 이상 늘어났다. 작은 공간에 기계가 3배 이상 커졌다. 어쩔 수 없이 집기들을 대부분 버렸다. 기계와 포장기계만 남았다. 공간이 깔끔하게 정리되었다. 기분은 좋았지만, 설치해주신 엔지니어분은 작업량이 많아지면 연기냄새를 직접 맡게 되어 건강이 나빠질까 걱정해주셨다. 그리고 작업량이 많아지면 작업 공간을 확보하기도 쉽지 않으니 얼른 키워서 공장형으로 공간을 얻으라고 말씀하시며 지식산업센터를 언급하셨다. 그때까지는 머릿속에만 있던 지식산업센터를 직접 듣게 되니 호기심이 생겼다. 엔지니어분이 설치를 마치며 말씀하셨다.

"요즘은 옛날 공장 건물을 얻어 로스팅하지 않아요. 원자재 배송을 받기도 어렵고, 택배 보내기도 어려울 수 있으니까요. 지식산업센터는 공장형으로 지어진 건물이니 모든 기반시설이 갖춰져 있어 좋아요."

나는 그 말을 듣고 난 뒤부터 지식산업센터 분양을 알아보기 시작했다. 2020년부터 부동산이 오르기 시작하더니 2021년은 끝을 알 수 없을 정도로 오르던 시기였다. 그 당시 부동산 규제가 점점 심해지고 있었고, 대출 규제와 세금 부과가 많아졌다. 그에 비해 지식산업센터는 규제가 약했고 대출도 80~90%까지 되어 인기가 높았다.

나는 아파트 분양도 해본 경험이 없었다. 그런 내가 분양사무실에 수십 명이 서류를 들고 다니며 계약하는 장면을 보니 마음이 어땠겠는가? 당장 계약하지 않으면 바보가 될 것 같았다. 당장 3~4년 뒤를 예상해서 공장으로 쓸 공간을 생각하고 분양상담을 진행했다. 상담하는 분은 내게 매매가격을 신경 쓰지 말라고 했다. 대출이 잘 나오기 때문이었다. 지금 알아보고 있는 공간은 누구나 탐내는 공간이라 인기가 많으니 지금 가계약을 하지 않으면 분양 후 매매 시 두세 배 값이 되어 있을 거라고 했다. 가슴이 뛰기 시작했다. 그토록 원했던 내 건물, 공장이 생기는 순간이었다. 가계약을 위해서 계약금을 얼른 마련해야 했다. 안타깝게도 기계를 계약하는 바람에 당장 현금이 없었다. 아버지에게 연락해보기로 했다.

"아버지, 지식산업센터를 알아보고 있어요. 앞으로 생산량이 늘어나면 기계도 확장해야 하고 포장실도 따로 둬야 해서요. 지금 분양받는 게 나을 것 같다는 생각을 했어요."

"그래? 그곳 말고 다른 곳 가격은 어떤데? 지금 완공되어 매매하고 있는 지식산업센터는 주위에 어디 있니?"

"안 가봤는데요? 최근에 괜찮아 보이는 곳에 가서 상담받고 왔어요."

"뭐라고? 부동산은 절대 말만 들어서는 안 돼. 그리고 너의 말대로 3~4년 뒤에 만족할 만한 생산량이 나오지 않으면 어떻게 하니? 그러면 임대를 줘야 하는데 임대수요가 어떻게 가능할까? 그것은 계산해봤니? 보통 상가는 완공된 뒤 1년 정도 임대가 안 될 수 있어서 그에 따른 비용은 모두 감당해야 하는데, 얼마니?"

나는 아무것도 대답하지 못했다. 그저 감정에 휩싸여 좋은 면만 보고 달려든 것이다. 지금 아니면 안 될 것이라는 '조급함'에 눈이 멀어버린 것이다. 나는 아버지와 통화 이후 분양사무실에서 받아온 모든 자료를 분석만 하기로 결정했다. 담당자들의 모든 연락은 차단했다. 그리고 주변 지식산업센터를 한 군데씩 방문해서 장단점을 파악했다. 내가 만약 이곳에 입주하게 된다면 어떨까? 어떤 장소가 나에게 적합할지 고민하면서 둘러보기 시작했다. 그날 아버지와의 통화로 나는 수천만 원의 계약금을 아낄 수 있었다. 그리고 지난날 내가 왜 이렇게 손실을 많이 보고 카페를 운영했는지 다시 한 번 깨달았다.

의외로 이렇게 카페 창업을 시작하는 분들이 많다. 친구의 권유로, 부동산의 추천, 네이버 매물카페를 통해서 한두 번 보고 계약하는 경우다. 물론 전부 나쁘다는 말이 아니다. 나의 카페 스타일을 잘 알고, 카페 운영에 대해 잘 아는 사람의 추천은 시행착오를 줄일 수 있다. 그러나 매매가 되어야 하기 때문에 추천해주는 것 아닐까 하고 의심해야 한다. 그럼 추천을 받으라는 말인지, 받지 말라는 말인지 궁금할 것이다. 추천은 많을수록 좋다. 모두 추천받고 리스트를 정리하라. 그리고 모두 가보고 점수를 매겨 좋은 곳과 나쁜 곳을 구분하고, 분별하는 눈을 갖고 고민해보자.

뒤에서도 이야기하겠지만, 카페 창업을 하는 예비 사장님들은 어느 곳이 자신에게 맞는 공간이 될지 모른다. 수십 개 매장을 열고 닫아봤으면 잘 알겠지만, 그런 사람들은 거의 없다. 카페를 알아보는 이 순간이 처음이자 마지막이 될 수 있는 것이다. 그러니 되도록 실패 확률을 낮춰야 한다. 그렇게 하기 위해 많은 공간을 보러 다닐 수밖에 없다. 선입견 없이 매장을 바라보자.

조급함을 버리고 냉철하게 내가 원하는 요소를 체크해나가자. 나의 가게는 손님들과 소통이 많은 가게였으면 좋겠다고 생각한다면 오피스 상권은 제외될 것이다. 직장인들을 상대하고 싶다면 출퇴근에 걸어다니는 길, 회사 근처 출입구가 유리할 것이다. 나는 트렌드에 민감한 사람이 아니라 클래식한 메뉴를 힘 있게 선보이고 싶다고 생각했다면 유행에 민감한 홍대, 성수동 등의 지역보다는 매일 단골이 방문하는 동네 상권이 유리할 것이다.

경우의 수는 다양하다. 살아온 환경, 각자의 능력, 성별 등에 따라 전부 다르다. 그것을 먼저 정하고 장소 소개를 부탁해야 한다고 생각한다. 사람들은 그냥 소개한다. 자신이 좋아 보이니 소개하는 것이다. 내 기준이 명확하다면 어떤 소개와 광고에도 흔들리지 않고 선택할 수 있다. 시간과 돈을 모두 아낄 수 있는 기회가 될것이다.

더 쉽게 정리하면 이렇다. 내가 원하는 카페는 어떤 카페일까에 대한 답을 먼저 내리는 것이다. 이 질문에 답이 명확하면 할수록 의사결정이 쉬워진다. 말처럼 쉽지 않은 작업이다. 자신이 어떤 부분이 강점이고 약점인지 알지 못하는 사람이 대부분이기 때문이다. 설령 안다고 해도 수익을 내는 카페가 될지 아닐지는 누구도 장담하지 못한다. 그래서 프랜차이즈로 창업을 고려하는 사람이 아직도 많고, 개인이 직접 창업할 때보다 비용도 비싼 것이다. 임대보증금을 제외하고 최소 5,000만 원에서 수억 원에 이르기까지 다양하다.

나는 프랜차이즈가 절대적으로 필요하다고 보는 사람 중 하나다. 다만, 많은 사장님들이 개인 가게로 시작해 자신의 성공시스템을 적립해서 건강한 프랜차이즈 본사가 되기를 바란다. 나도 그런 꿈을 가지고 있다.

나는 창업에 있어서 조급함은 죽음을 부르는 메시지라고 본다. 조급하면 시야가 좁아지기 때문이다. 그리고 핵심적으로 준비하며 갈고 닦아야 할 때 엉뚱한 데 집중하고 신경 쓰게 만든다. 내가 그랬다. 조급하게 기계를 들이고 공간을 확장했다. 당시 그것이 옳다고 생각했다. 그러나 밀린 이자와 원금, 그리고 카드 빚 독촉으로 잠 못 이루던 순간이 정말 많았다. 지금 돌이켜보면 물리적인 확장에 신경 쓸 게 아니라, 세일즈 실력과 손님과의 소통 능력 그리고 SNS 마케팅 능력을 길러 매출을 더 높였으면 어땠을까 하는 생각이 든다. 매출이 두세 배가 되면 자연스럽게 따라오는 것들인데, 조급한 마음에 내 실력 이상의 돈을 빌렸다. 지금은 웃으며 좋은 인생수업을 했다고 생각한다. 그러나 만약 재정적 고비들을 넘기지 못했다면 폐업했을 수 있다고 생각하니 아찔한 것도 사실이다. 급할수록 돌아가라는 말은 진리다. 지금의 위치에서 한 번에 하나씩 차근차근 준비하고 진짜 실력을 갖춰나가자.

## 05

# 내가 제일 잘 안다는
# 착각에서 벗어나라

나는 카페를 차리기 전에 엔지니어처럼 한우물을 파는 성격이라고 생각했다. 그래서 대학생 때 지원금을 받아 더치커피 추출 기구 연구로 사업을 시작했다. 지금 생각해보면 당시 나는 정말 즐거웠지만, 연구로 인한 즐거움은 아니었다. 지원비로 여러 가지 실험을 할 수 있었기에 즐거운 것이었다. 새로운 경험을 통한 즐거움이었다. 나를 잘못 파악한 것이다. 이런 착각은 창업 후에도 계속되었다. 연구가 기질을 살려 카페 상호를 지어야겠다고 생각했다. 그래서 커피로맨스라는 상호를 쓰기 전에 'Research And Development(연구 개발)'가 들어가는 커피알앤디(COFFEE R&D) 라고 지었다. 물론 연구라는 의미만을 담은 것은 아니었다. Roasting&Dutch의 약자기도 했다. 하지만, 연구의 느낌을 주고 싶은 것은 사실이었다.

그런데 카페를 운영하다 보니 알게 되었다. 나는 연구가 기질이 없다. 더 정확히 말해서 연구를 싫어한다. 커피를 하는 사람이라면 카페를 운영하다 한계를 경험하게 된다. 그중에서 커피에 있어서 한계를 경험한다. 더 배우고 싶은 것이다. '어떻게 하면 커피 추출을 더 잘할 수 있을까?', '어떻게 하면 커피를 더 잘 볶을 수 있을까?' 하는 생각이 든다. 그때마다 오프라인 강의도 알아본다. 배울 만한 강의가 있는지, 기관이 있는지 말이다. 그러나 시간과 비용이 맞지 않을 때가 많다. 그러면 책을 사서 본다. 요즘은 좋은 책이 정말 많은 것 같다. 국내외의 경험 많은 저자들의 다양한 노하우가 담긴 책을 보면서 깨우친다. 그러면서 나는 절대 연구가 기질이 없는 사람임을 다시 한 번 깨닫는다. 나를 깨달아가면서 카페의 방향이 계속 달라졌다. 그로 인해 손실도 있었고, 득도 있었지만, 무엇보다 나를 알아가고 있음에 만족했다.

'나는 왜! 꼭 경험하고 나서야 아는 거지?'라는 생각이 들 때가 많다. 미리 알았으면 상호를 변경하는 일도 없었을 텐데, 그러면 비용도 아꼈을 텐데 하며 자책할 때가 있다. 그러나 누구도 자신을 전부 알지는 못한다. 그것을 인정하지 않았기 때문에 벌어진 일이라고 생각한다.

카페를 하면서 생각지도 못한 이유로 폐업하는 사장님들을 본다. 그중에 몇 가지를 소개한다.

매장에 있는 시간이 감옥 같다.

손님과 소통하고 대화하며 카페를 하는 게 싫다.

커피 연구를 하며 카페를 하고 싶었는데 쉽지 않다.

직원들 관리하는 게 어렵다.

이 외에도 수많은 이유로 폐업을 한다. 모든 이유를 다 방어할 수는 없겠지만, 나는 미리 자신을 알아볼 수 있는 방법을 제시하고 싶다. 왜냐하면 나의 실수를 누군가는 반복하지 않았으면 하는 바람에서다.

어떻게 하면 나를 알 수 있을까? 정답은 하나다. 경험하는 것이다. 그 상황에 놓여보는 것이다. 카페 창업을 준비 중이라면 카페에 취직해보자. 취직할 수 없는 나이와 상황일 수 있다. 그러면 어떻게 할까? 나는 무급으로 취직해서 경험해보라고 말하고 싶다. 그 외에 가능한 모든 방법을 동원해서 시도하자. 우리의 목표는 카페를 경험해보는 것이다. 카페 창업을 해서 시행착오를 경험하면 감당해야 할 비용이 너무 크다. 무급으로 취직해서 몇 달 일해보라고 하면 이렇게 말하는 사람이 있다.

"돈도 안 받고 어떻게 일하나요?"

정말 생각이 없는 마인드다. 일정 기간 취직해서 경험한 것으로 창업할 때 시행착오를 줄이면 시간과 돈을 벌 수 있다. 무급으로 몇 달 일하는 게 훨씬 저렴하다. 오히려 돈을 버는 시간이다.

그 외에 어떤 방법이 있을까? 당신의 집이나 회사 또는 교회 등의 사람들이 한 명 이상 당신과 함께 있다면 바리스타로 변신해보라. 나는 창업을 위해 커피를 배울 당시, 늘 원두와 커피 그라인더, 드립에 필요한 주전자 및 서버 등을 갖고 다녔다. 친구들은 열정이 지나치다고 했다. 어르신들은 핸드드립을 하고 있는 나를 보고 한 잔 한 잔 정성 들여 만든다고 칭찬해주셨다. 남들이 어떤 평가를 해도 나에게는 들리지 않았다. 그들에게 내 커피가 얼마나 맛있는지만 듣고 싶었다. 그리고 세상에 얼마나 맛있는 커피가 있는지 알려주고 싶었다. 당시에는 그냥 내가 좋아서, 혼자 먹기에 양이 많아서 나눴다. 그런데 그때 카페에서 필요한 소통 방법, 사람 앞에서 떨지 않고 드립을 하는 담력, 그리고 손님이 알아듣기 쉽게 이야기하는 법 등을 모두 배웠다. 그래서 나는 카페 창업 초기에 1대 1, 1대 2 수업으로 매출을 보완했다.

이 방법은 백종원 대표도 TV나 유튜브에서 꾸준히 말하는 메시지다. 백종원 대표는 라면가게를 차리려고 할 경우 집에서 연습해보라고 한다. 메뉴가 5개 정도로 많지 않더라도 계란라면 1개, 매운라면 3개, 짬뽕라면 1개, 짜장라면 2개 식으로 만들어보라고 말한다. 생각만해도 아찔하지 않은가? 메뉴는 간단해도 주문량이 많아지면 질이 떨어진다. 전형적인 초보가 할 수 있는 실수들이다.


나를 잘 안다는 착각은 실질적인 커피 실력에도 존재한다. 커피 메뉴를 얼마나 잘 만드는가? 카페를 오픈할 때부터 저녁 마감 때까지 일정하게 유지할 수 있는가? 방법은 무엇인가? 다른 직원들도 같은 매뉴얼로 메뉴의 질을 유지하고 있는가? 이런 단계까지 도달해야 진정으로 알고 있는 것이다. 카페 메뉴를 얼마나 다양하게 할지, 적은 메뉴에 집중할 것인지는 나중에 고민해도 된다. 알고 있는 메뉴들을 능수능란하게 만들고, 가르칠 수 있는지 스스로 판단해야 한다.

착각은 매장을 찾는 고객 분석에도 존재한다. 카페에 손님이 줄어서 걱정이라고 하는 사장님에게 인스타그램이나 블로그 홍보를 권유한 적이 있다. 홍보 이야기를 듣자마자 이런 말씀을 하셨다.

"여기는 동네 상권이고 단골 장사예요! 누가 블로그, 인스타그램을 보고 찾아오겠어요?"

사장님의 말이 이해되지 않는 것은 아니다. 해당 매장은 코로나 전까지 홍보 하나 없이 입소문만으로 단골이 탄탄하게 유지되었던 카페였기 때문이다. 그러나 사장님은 코로나 이전의 세상과 지금은 180도 달라졌다는 것을 모르셨다. 금방 예전과 같아질 거라는 착각에서 벗어나지 못한 것이다. 요즘은 인스타그램과 블로그로 입소문이 전해진다. 만약 그 사장님이 블로그와 인스타그램을 통해 카페의 매력을 알렸다면 코로나 이전의 매출은 충분히 회복하고도 남았을 것 같다는 생각이 든다. 그 카페만의 독특한 매력이 존재하기 때문이다. 안타깝다.

이 외에도 어떤 착각이 존재할까? 수도 없이 존재할 것이다. 그러니 사장님들은 매일 똑같은 일상을 반복하며 살아가기 쉽다. 정해진 매장 운영 시간에 맞춰 열고 닫고를 반복하는 삶에 익숙해져버리면 카페의 발전은 멀어지고 만다. 착각 속에서 벗어나기 위한 발버둥을 쳐야 한다. 그러기 위해서는 어떻게 해야 할까?

나는 아내와 여행을 간다. 남들처럼 며칠씩 가는 여행도 그렇지만 한 주에 한 번 또는 한 달에 한두 번 정도 색다른 경험을 해보는 것이다. 아내는 미술을 전공했기에 다양한 색과 모형을 보는 것을 좋아한다. 나는 드라이브를 좋아하고, 다른 카페에 탐방가는 것을 좋아한다

다른 경험을 하다 보면 카페에 적용할 점들이 생각난다. 내가 고쳐야 할 점들도 생각난다. 아이디어도 떠오른다. 착각의 늪에서 한 발자국 벗어날 힌트를 얻게 되기도 한다.

그리고 다른 업계의 일에도 도전해보라고 말하고 싶다. 로버트 기요사키의 책《마이더스 터치》에서 네트워크 마케팅으로 리더십과 세일즈를 배우라고 한 말에 전적으로 동의한다. 나는 네트워크 마케팅을 실제로 2년 넘게 했다. 그때 배운 세일즈 기술은 수천만 원을 줘도 배우지 못할 경험이었다. 사장이 갖춰야 할 최고의 능력은 파는 능력임을 알게 해준 귀중한 수업 시간이었다.

내가 나를 제일 잘 안다는 착각에서 벗어나라. 빠르면 빠를수록 좋다. 나를 남으로 여기고, 철저하게 깨부숴야 한다. 이 모든 과정이 절대 쉽지는 않을 것이다. 이 세상에 사장보다 직원들이 더 많은 이유다.

## 06

# 카페로 경제적 자유를
# 얻는 비법

요즘 유행하는 단어 중에 '경제적 자유'라는 말을 많이 듣는다. 경제적 자유라는 단어가 요즘 특히 회자되고 있는 이유는 무엇일까? 부자는 어느 시대나 존재했으나 예전과 달라진 점이 있다. 요즘 새로운 부자들은 평범한 사람이라고 생각되는 사람들이 많기 때문이다. 100만 이상의 구독자를 가진 경제 유튜버 신사임당은 180만 원의 월급을 받던 방송국 PD 출신이다. 유튜버 허팝은 택배기사를 하면서 투잡으로 유튜브를 시작했고, 지금은 책 출판과 경제 교육 분야 유튜브 구독자까지 탄탄하다. 이와 같이 신흥부자 반열에 오르게 된 사람들은 일상에서 평범한 삶을 살아가는 우리들과 별반 차이가 없던 사람들이라는 면에서 나도 할 수 있을 것이라는 희망을 주었고, 이와 함께 '경제적 자유'라는 단어도 더 멀리 퍼지게 된 것 같다.

그렇다면 우리가 지금 하고 있는 또는 앞으로 하게 될 카페에서도 경제적 자유를 얻을 수 있는가? 정말 가능할까? 이것에 대한 답을 듣고 싶을 것 같다. 나는 "그렇다!"라고 말할 수 있다. 그러나 지금까지 당신이 생각해왔던 보통의 카페 콘셉트로는 절대 경제적 자유를 얻을 수 없고, 평생 '돈을 좇는 삶'을 살게 될지도 모른다고 생각한다. 그러니 이제부터 경제적 자유를 얻을 수 있는 카페를 만들기 위한 전략을 함께 알아보자.

경제적 자유를 얻기 위한 카페 비법 첫 번째는 경제적 자유를 얻겠다는 확신을 갖는 것이다. 이 전략을 보고 바로 책을 덮거나 다음 장으로 넘어갈 사람이 분명 있을 것이다. 이해한다. 내가 그랬다. 나는 '확신', '믿음'이라는 단어를 부자들이나 강연자가 이야기할 때 왜 저런 헛소리를 할까? 한숨을 내쉰 게 한두 번이 아니다. 그런데 나도 이제 그 뜻을 이해한다. 그리고 첫 번째 전략이 믿음과 확신이 될 수밖에 없음을 인정했다. 왜 당신이 경제적 자유를 얻을 수 있다고 확신해야 할까?

한 가지 예를 들어보겠다. 당신이 호텔 10층에서 숙박을 하고 있는데, 불이 났다. 필수품만 챙겨 황급히 일행과 함께 엘리베이터로 달려갔다. 생각보다 상황이 심각했는지 엘리베이터는 이미 고장나고, 연기가 뿜어져 나온다. 다음 방법으로 비상계단을 이용해 내려가보려고 했지만 문을 열자 검은 연기와 함께 비명을 지르며 사람들이 오히려 올라오는 게 아닌가! 아찔한 상황이다. 방법은 단 하나, 뛰어내리는 것! 그러나 다행히 호텔 창문 쪽에 1층으로 내려갈 수 있는 완강기가 있다. 그것을 몸에 묶고 내려가기만 하면 된다. 그러나 10층에 있는 사람들은 모두 죽음을 맞이했다. 이유는 단 하나, 완강기를 타고 내려가다가 죽을지도 모른다는 의심으로 시간을 지체했기 때문이다.

나는 경제적 자유를 얻을 수 있다는 믿음과 완강기에 대한 믿음이 별반 다르지 않다고 생각한다. 당신이 슈퍼마켓을 하든, 카페를 하든 상관없다. 어떤 분야에서든 자유를 얻은 사람들은 많다. 그러니 먼저 당신을 믿어야 한다. 당신도 부자가 될 수 있다는 믿음을 먼저 가져야 한다. 그래야 방법이 보인다. 그래야 길이 보인다.

경제적 자유를 얻기 위한 카페 비법 두 번째는 리더가 되어야 한다는 것이다. 다시 말해 '리더의 자질' 즉, 리더십(Leadership)을 갖추는 것이다. 리더십은 쉽게 정의될 수 없다. 하지만 결과를 보면 알 수 있다. 당신이 어떤 조직에 들어가서 그 조직 구성원들이 각자의 일을 더 잘하게 되고, 조직이 성장했던 경험이 있는가? 아니면 당신이 들어가서 오히려 조직이 축소되고, 구성원들보다 당신이 일을 많이 하고, 잘하게 되었는가? 전자의 상황으로 잘 이어진다면 당신에게는 리더십이 존재하는 것이다. 리더십은 단순한 능력이 아니다. 평생을 두고 계속 길러야 하는 영역의 능력이다. 이 리더십을 머리에 넣고 카페를 운영하는 것과 아닌 것의 차이는 하늘과 땅 차이다. 늘 자신의 이익보다 팀의 이익을 생각하는 자세가 너무나 중요하다.

경제적 자유를 얻기 위한 카페 비법 세 번째는 판매, 세일즈 기술을 배우는 것이다. 나는 2년 동안 네트워크 마케팅을 했다. 카페 수입의 한계를 느낄 때 병행했다. 그러나 병행하는 것이 힘들어 결국 카페에 집중하기로 마음먹었다. 그후에 나는 원두 납품 영업에 집중적으로 п

고들었다. 3개월도 안 되어 나는 기존 카페 매출의 3배 이상을 원두 납품에서 벌어들였다. 나도 이런 성과를 낼 수 있을 거라는 생각을 전혀 하지 못했다. 그러나 지난 2년 동안 성공하고 싶어 배웠던 세일즈 기술에 대한 이론과 실전 경험이 결정적이었다. 현장에서 쓰이는 세일즈 기술은 어떤 것들이 있을까? 세 가지만 간추려 소개해보겠다.

첫 번째, 사람들을 만나 떨지 않고 이야기하는 것이다. 내가 네트워크 마케팅을 하면서 가장 크게 변한 것이 사람의 눈을 보고 말할 수 있게 된 것이다. 나를 가르쳐준 리더들은 수도 없이 "사람의 눈을 똑바로 쳐다보고 말하세요"라고 지적했다. 나는 이것이 너무나 힘들었다. 1년 정도 의식적으로 바꾸려고 노력하고 또 노력했던 기억이 난다. 지금은 아무렇지 않게 쳐다보고 말하게 되었다. 상대의 눈을 똑바로 쳐다보고 말하게 되면서 반응 또한 확인할 수 있었다. 그리고 떨지 않게 되는 단계까지 오게 되었다. 정말 큰 계약을 앞두고 있거나 당황스러운 상황이 벌어지면 떨리기도 하지만, 목소리는 떨지 않고 말한다. 제어할 수 있는 단계까지 이른 것이다. 이러한 수준까지 올라오도록 의식적으로 노력하자. 안되는 건 없다. 그만큼 간절하지 않아서 극복되지 않는 것이다.

두 번째, 거절의 재인식이다. 원두 납품 영업을 하면서 사장님들에게 가장 많이 듣는 이야기가 "이렇게 사장님이 직접 영업을 하시네요?"다. 나는 그때마다 "원두 영업을 안 오나요?"라고 되물었다. 그러면 대부분 "네"라고 대답한다. 나는 솔직히 말하면 영업을 한 게 아니라 쓸어 담았다고 표현하는 게 맞을 정도다. 그분들은 나같이 영업하는 사장을 만나본 적이 없다. 그럼 왜 영업을 오지 않는 것일까? 아마 영업이나 세일즈를 해본 사람이라면 누구나 다 알 것이다. 바로 '거절'에 대한 두려움 때문이다. 어떤 물건을 모르는 사람에게 제시할 때 겪는 스트레스는 엄청나다. "죽고 싶다"고 말하는 사람까지 있을 정도다. 그러나 거절을 극복해야 한다. 그렇게 하려면 거절을 재인식해야 한다.

먼저, 거절을 다루기 전에 당신이 판매하는 상품에 대한 인식을 확인해보자. 만약 타 제품(상품)과 당신의 제품이 있다면 당신은 어떤 것을 고르겠는가? 고객의 입장에서 냉정하게 바라보고 대답해보라. 내 제품을 고르겠다는 대답이 나왔는가? 그러면 된 것이다. 당신이 소비자일 때도, 어떠한 제품과 비교해도 당신의 제품을 구매하겠다고 대답할 수 있다면 된 것이다. 남에게 팔기 전에 당신에게 먼저 팔아야 한다. 나는 실제로 내 커피밖에 마시지 않는다. 내 커피가 제일 맛있다고 생각하기 때문이다. 그런데 실제로 더 맛있는 커피가 없을까? 아니다. 분명히 존재한다. 그러나 한국에는 없고 미국과 호주에 있다. 즉, 내 머릿속에 내 커피에 대한 인식은 이렇게 잡혀 있다. '내 커피가 제일 맛있고, 이것을 납품하는 데 전혀 부족함이 없다.' 이런 마인드로 영업을 하고 거절을 받으면 어떨까? 그럴 경우 상대가 보는 눈이 없고, 실력이 없는 것이 된다. 또는 지금 바꿀 시기가 아닌 것뿐이다. 아니면 가격이 서로 맞지 않는 것이다. 정말 실력이 없는 곳은 납품이 되도 얼마 가지 않아 폐업하거나 나를 귀찮게 할 것이기에 다시는 가지 않았다. 그러나 시기와 가격이 안 맞았던 곳들은 계약이 될 때까지 재방문했고, 재방문을 한 곳은 90% 이상 납품에 성공했다.

경제적 자유를 얻을 수 있다는 믿음을 가지고, 세일즈 기술을 익히자. "비법이라더니, 이게 다야?"라고 할 수도 있다. 그러나 믿음을 가지고, 세일즈 기술을 개발해 매출을 늘려가다 보면 어떻게 하면 더 매출을 올릴 수 있는지 치열하게 고민하게 될 것이고, 그 고민을 해결해나가다 보면 한 달 동안 올린 매출을 15일 만에, 그다음에는 7일 만에 내는 법을 찾게 될 것이다. 그렇게 되는 과정을 겪다 보면 당신은 경제적 자유에 성큼 다가설 수 있을 것이다. 나는 누구라도 노력하면 그렇게 될 것이라고 확신한다.

# 07

# 모든 것은 사람에서
# 시작된다

성경에는 천지창조에 대한 내용이 나온다. 이 세상이 어떻게 시작되었는가를 보여주는데, 하늘과 땅이 만들어진 다음, 물이 있는 곳과 마른 땅으로 나뉜다. 이후에 식물과 열매 맺는 과실 등 동물이 생겨난다. 최종적으로 사람을 만든 신은 "생육하고 번창하라. 다스리라"고 명령한다. 이 세상을 다스리는 존재는 사람으로 명시되어 있다. 사람으로 모든 것이 통제되고, 시스템이 만들어진다는 것이다. 사람을 통해서만 이 세상은 운영된다. 이것은 진리다. 그래서 카페에서도 이것은 그대로 적용된다고 나는 믿는다.

지난 세월을 돌아보면 내 인생의 갈림길에서 사람의 역할이 절대적이었다. 나는 수능시험 성적이 굉장히 낮아 모든 전형에서 떨어졌다. 재수를 하거나 대학을 포기해야 했다. 당시 내 소식을 전해 들은 담임

목사님에게서 연락이 왔다. 신문을 보다가 미달된 대학교 공고를 봤는데 거기에 지원해보라는 말씀이었다. 2월 중순이었고, 서둘러 지원했다. 불행 중 다행으로 합격되었다. 당시 담임목사님이었던 강 목사님께 진심으로 감사드린다. 그분이 아니었다면 이 책도 나오지 않았을 것이다. 왜냐하면 커피 인생에 들어서게 만든 인연이 대학교 선배였기 때문이다.

26세에 늦게 복학을 했다. 당시 나는 큰 희망 없이 삶을 살고 있었다. 그럴 수밖에 없는 이유가 대학을 바꿔볼 생각으로 입학 때부터 편입을 준비했지만 모두 떨어졌다. 막막함으로 절망의 나날을 살고 있을 때 음악이 위로가 되었고, 음악을 하고 싶은 마음이 생겼다. 짧게 레슨을 받고 운 좋게 음악전문 대학에 편입해 들어갔다. 그러나 실력 차이를 극복하지 못해 자퇴해야 했다. 결국 다시 원점인 예전 대학으로 돌아왔다. 대학 입시부터 5~6년간 실패만 해온 삶인 것이다. 앞으로 나에게 희망이 있을 것 같지 않았다. 그 시기에 사업하던 남 선배를 교양수업에서 만난 것이다. 그때 사업하는 사람을 처음 만났다. 그리고 선배는 할 수 있다고 말했고, 시도할 수 있는 방법들을 제시해줬다. 나는 그대로 행동했고, 그렇게 조금씩 터널을 빠져나왔다. 재미가 붙어서 커피로 돈을 벌고 살아야겠다고 다짐했다.

커피 인생을 다짐하고 전문적으로 커피를 배워야 했다. 학원만큼 좋은 곳이 없으니 내일배움카드를 통해 좋아 보이는 학원을 찾아갔다. 방배동의 커피문화원이었다. 등록을 하고 수업을 들어보니 한국에서 커피 학원을 처음 시작하고, 시스템을 만들어낸 장본인인 최 대표님, 정

원장님이 운영하는 곳이었다. 당시 운 좋게 최 대표님을 통해 로스팅과 창업 관련 수업을 듣게 되어 큰 도움을 받았다. 커피문화원은 체계적인 시스템을 갖추고 있었다. 사실 커피를 처음 배우게 되면 초기 실습에 쓰이는 재료들을 좋은 것을 쓰지 못한다. 낭비로 보여질 수 있기 때문이다. 그러나 학원생들을 위해 아낌이 없으셨던 대표님의 철학으로 빠른 시간 내에 성장할 수 있었다. 지금 생각해도 커피문화원을 선택한 것은 나에게 신의 한 수였다고 생각한다. 창업 교육을 열심히 받고 나는 지인들에게 커피를 열심히 내려줬다.

특히 교회에서 바리스타 역할을 충실히 해냈다. 교회에서 커피를 내릴 수밖에 없었던 이유는 간단했다. 실패로 20대를 시작했기에 마음을 붙잡기가 쉽지 않았는데, 그런 불안한 마음이 믿음을 더 뜨겁게 가질 수 있게 해줬다. 그래서 대부분의 시간을 교회에서 보냈다. 커피도 전문적으로 모두 배웠지만, 카페를 차릴 시간과 돈은 없었다. 그러니 실습이라도 열심히 하자는 마음으로 커피를 마실 수 있는 사람이라면 거의 모든 사람에게 내려줬다. 당시 아메리카노의 맛은 평이한 수준이었는데, 그런 입맛의 대중들에게 스페셜티 핸드드립을 내려줬더니 커피의 인기가 점점 좋아졌다.

매주 교회에 커피향이 넘쳐 보기 좋았는지 변화가 일어났다. 청년 담당 부장님의 의견으로 오래된 교회 청년회실 공간이 카페처럼 꾸며졌다. 해외 봉사를 다녀온 2주 만에 벌어진 일이었다. 예전과 180도 달라진 공간을 보고 있자니 부담과 기대가 동시에 밀려왔다. 당시 청년회장이었던 나는 커피 장사를 시작했다. 핸드드립과 더치커피를 팔았다. 커피 로스터기가 없으니 인터넷으로 신선한 커피만을 받아서 시작했다. 당시 사업자등록도 하지 않고 무허가로 교인들만을 상대로 장사를 했다. 대략 세 달 좀 안 되게 장사를 했다. 공간 말고는 아무것도 없던 그곳에서 매출이 한 달에 50만 원이 넘었다. 기적이었다. 그러나 무허가로 지속할 수 없었다. 정식 사업자등록을 하고 시작하고 싶어 절차를 밟기 시작했다. 그러나 정식 허가를 위해 절차를 알아보던 중 문제들이 나타나기 시작했다. 당시 허가를 받으려고 했던 건물은 오래되어 완공 당시 설계도와 지금의 건물 형태가 다른 부분이 있어 원상복구 후 사업자등록을 신청해야 했다. 그리고 정화조 용량 문제도 있어서 큰 비용과 교회의 허가가 필요했다. 결국 사업을 시작할 수 없는 공간임을 인정할 수밖에 없었다. 그래도 허가를 진행할지 포기할지 고민이 되었다. 그때 교회 장로님이었던 정 장로님이 도움을 많이 주셨다. 정 장로님은 결혼 전 우리 부부를 위해 밥을 사주시면서 1 : 1로 부부학교 과외도 해주신 고마운 분이다. 지금도 늘 감사한 마음으로 살아가고 있다.

장로님은 교회는 장사를 하는 곳이 아님을 명확히 하셨다. 비즈니스는 비즈니스 공간에서 해야 함을 강조하셨고, 매우 짧은 시간의 대화였다. 그러나 명확한 기준이 세워졌다. 대화 중에 결단하고 모든 집기를 챙겨 교회에서 나왔고, 그 후 결정한 장소가 지금의 커피로맨스 자리였다.

6평의 작은 공간에 카페를 차리기로 결정했지만, 나 혼자 할 수는 없다. 당시 청년부 임원으로 있던 김 후배와 양 선배와 같이 카페를 하기로 했다. 동업 아닌 동업이었다. 지금 생각해도 말이 안 되는 시작이었다. 열정 하나로 셋이서 없는 가운데도 웃으며 카페를 꾸며나갔다.

사람을 쓸 수 없었기에 모두 우리 손으로 했다. 돈은 없었지만 시간은 많았기 때문이다. 하나하나 자리를 잡아나가면서 2014년 1월 오픈했다. 추운 겨울에 준비하고 시작한 카페가 5월이 되어서야 본격적으로 알려지기 시작했다.

지금은 선배와 후배 모두 커피로맨스에 있지 않다. 가장 어려운 시기에 옆에 있어준 고마운 인연이다. 매출이 워낙 적었기 때문에 수익 배분도 턱없이 부족했던 시기였다. 무능하고 게을렀던 나로 인해 그들에게 손해만 끼친 것 같아 매년 사업자등록 월인 1월이 되면 마음이 무겁다.

마지막으로 나에게 가장 큰 역할을 한 사람은 바로 부모님이다. 나는 초중고등학교 시절이 거의 기억이 나지 않는다. 내가 원해서 해본 것이 많이 없다. 물론 누구의 말을 철썩같이 따른 것도 아니다. 그냥 시간이 흘러가니 살았고, 배고프니 밥을 먹는 수준의 삶이었다. 그래서 특별히 게 잘하는 것도 없이 살았다. 내가 뭘 좋아하는지, 어떤 삶을 살고 싶은지 20대에 들어서서야 생각을 조금씩 하게 됐다. 너무나 철이 없던 나였다. 그러니 공부도 잘했을 리 없다. 성적으로 부모님께 기쁨을 드리지 못했다. 그런 아들이 창업을 한다고 20대 중반부터 그렇게 돈을 갖다 썼다. 용돈도 받아 쓰면서 창업 비용까지 야금야금 부탁했다. 그렇게 커피 로스터기도 사고, 기계도 바꿔가며 철없이 부모의 도움을 받는 아들이었지만, 절대 닦달하지 않으시고 늘 기도하는 마음으로 바라만 보셨다. 부모님의 기도와 응원 덕분에 지금까지 올 수 있었다. 그렇게만 그 마음을 더 잘 알기에 나도 힘들었던 것 같다.

나는 당시 포기하고 싶은 마음보다 더 무서운 것을 깨달았다. 그것은 포기할 수 없는 상황에 놓인 마음이다. 나는 포기할 수 없었다. 포기가 선택지에 없었던 것이다. 다른 사람에게 넘길 수도 없는 카페였다. 모든 상가의 주인들은 권리금이 붙는 걸 원하지 않았기 때문이기도 했고, 카페를 할 수 있는 입지도 아니었기 때문이다. 그럼에도 불구하고 부모님이라는 존재와 선택지에 포기란 없는 조건이 나에게는 배수진이 되었다. 앞으로 나아갈 조건만 주어진 것이다. 그래서 내가 지금까지 카페를 계속할 수 있었던 것 같다.

나의 인생은 사람에서 시작되었다. 지금도 나의 인생은 사람을 통해서 이어지고 있다. 그리고 새로운 인연들이 계속 기다리고 있을 것임을 믿는다. 앞으로 더 새로워질 나의 인생이, 내 카페가 기대된다.

# 카페 창업은 처음이라

**제1판 1쇄** 2023년 4월 3일
**제1판 2쇄** 2023년 9월 15일

**지은이** 민준기
**펴낸이** 최경선      **펴낸곳** 매경출판㈜
**기획제작** ㈜두드림미디어
**책임편집** 우민정      **디자인** 노경녀 nkn3383@naver.com
**마케팅** 김성현, 한동우, 구민지

**매경출판㈜**
**등록** 2003년 4월 24일(No. 2-3759)
**주소** (04557) 서울특별시 중구 충무로 2(필동 1가) 매일경제 별관 2층 매경출판㈜
**홈페이지** www.mkbook.co.kr
**전화** 02)333-3577
**이메일** dodreamedia@naver.com(원고 투고 및 출판 관련 문의)
**인쇄·제본** ㈜M-print 031)8071-0961
**ISBN** 979-11-6484-547-7 (03320)